1888

AF555149

ÉTUDE HISTORIQUE

SUR LE

DROIT DE MARQUE

OU DE

REPRÉSAILLES A MARSEILLE

AUX XIIIme, XIVme & XVme SIÈCLES

Par Jh EIGLIER

Ancien Archiviste-Adjoint de la Ville de Marseille, Ancien Membre de la Société de Statistique, Ex-Secrétaire Général de la Société Philanthropique des Commis et Employés de Marseille.

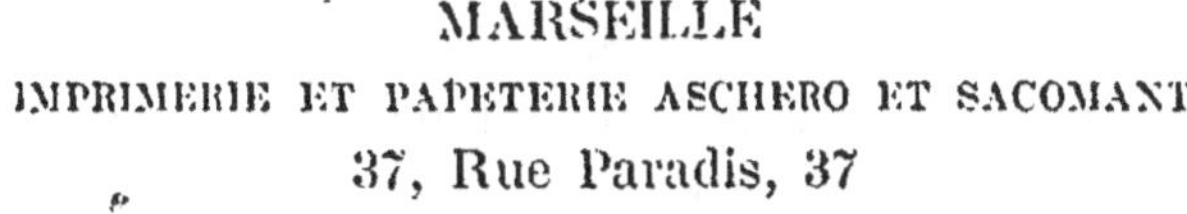
MARSEILLE
IMPRIMERIE ET PAPETERIE ASCHERO ET SACOMANT
37, Rue Paradis, 37

Lk 22271.

1888

—

ÉTUDE HISTORIQUE

SUR LE

DROIT DE MARQUE

OU DE

REPRÉSAILLES A MARSEILLE

AUX XIIIes, XIVes & XVes SIÈCLES

Par J^h^ **EIGLIER**

Ancien Archiviste-Adjoint de la Ville de Marseille, Ancien Membre de la Société de Statistique, Ex-Secrétaire Général de la Société Philanthropique des Commis et Employés de Marseille.

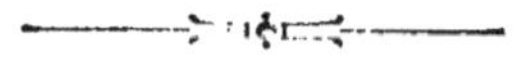

MARSEILLE

IMPRIMERIE ET PAPETERIE ASCHERO ET SACOMANT

37, Rue Paradis, 37

8° Lk 2271.

1888

ÉTUDE HISTORIQUE

SUR LE

DROIT DE MARQUE

OU DE

REPRÉSAILLES A MARSEILLE

AUX XIIIme, XIVme & XVme SIÈCLES

Par J^{h} **EIGLIER**

Ancien Archiviste-Adjoint de la Ville de Marseille, Ancien Membre de la Société de Statistique, Ex-Secrétaire Général de la Société Philanthropique des Commis et Employés de Marseille.

MARSEILLE
IMPRIMERIE ET PAPETERIE ASCHERO ET SACOMANT
37, Rue Paradis, 37

LK7
19271

NOTICE BIOGRAPHIQUE

DE

JOSEPH EIGLIER

La publication de cette notice est un hommage rendu à la mémoire d'un homme jeune encore que des circonstances indépendantes de la volonté, jetèrent hors de la voie scientifique qu'il avait choisie en sortant des études, et qui a laissé partout des traces honorables de son passage.

Rappeler à des amis et à des contemporains les mérites d'un jeune auteur qui dans sa courte existence a rendu quelques services à la science est une chose salutaire à tous les points de vue ; c'est surtout une leçon donnée à ceux qui n'ayant pas souci d'une fortune à acquérir par le travail font bon marché de leur intelligence naturelle ou acquise, et la perdent au milieu d'un air corrompu par la nicotine et le séjour prolongé dans les brasseries.

Guillaume-Marie-Joseph Eiglier, issu d'une famille marseillaise modeste et fortement chrétienne, naquit à Marseille le 17 Février 1851. Il commença ses études au Petit-Séminaire de Saint-Louis, et les termina à l'École Belsunce ; sa précoce intelligence, son application à l'étude, autant que sa bonne conduite, lui valurent à la fin de chaque année scolaire les premiers prix de sa classe. Ses succès furent récompensés en 1861 par le diplôme d'Académicien qui n'était accordé par le Supérieur du Collège Catholique qu'aux élèves les plus méritants et les plus remarquables à tous les points de vue ; d'aussi fortes études continuées avec zèle lui firent délivrer par l'Université en Janvier 1869 le diplôme de Bachelier-ès-lettres.

Ici commence la vie agitée d'Eiglier. Son père le destinant au barreau et ne voulant point se séparer de son fils, qui avait déjà perdu sa mère, obtint pour lui le titre d'attaché aux Archives des Bouches-du-Rhône avec faculté de faire sa première année de droit à Marseille. Le jeune Eiglier mena de front, pendant un an, l'étude du droit et celle de la Paléographie, science hérissée de difficultés pour tout débutant, et qui eut pour lui un attrait tout particulier. Ses progrès furent si rapides qu'au concours ouvert à Marseille en 1870 pour une place d'Archiviste-adjoint du Département, il lui fut décerné le deuxième certificat de capacité.

Orphelin dès l'année suivante, Eiglier dut renoncer à ses études du Droit et au bénéfice de son diplôme d'Archiviste-paléographe pour liquider la maison commerciale de son père, besogne bien ingrate pour un homme de 20 ans qui jusqu'alors n'avait commercé qu'avec nos meilleurs auteurs. Cette liquidation terminée, le maire de Marseille, M. Rabatau, le nomma au mois de Mars 1871 commis-auxiliaire attaché au bureau des Archives alors sous l'habile direction de M. O. Teissier qui, de concert avec son employé avait résolument entrepris le dépouillement du riche dépôt de l'hôtel-de-ville pour en dresser l'inventaire.

Les diverses aptitudes d'Eiglier firent son malheur, car il quitta bientôt ce nouveau poste, si conforme à ses goûts, pour obéir à la volonté du maire qui le chargea provisoirement de la direction de son cabinet à la fin de 1875.

Ces nouvelles fonctions, quoique acceptées avec résignation et accomplies avec zèle, ne lui firent point oublier ses anciennes occupations ; il sollicita et obtint sa rentrée aux archives le 1er Décembre 1876.

M. Prudhomme, aujourd'hui archiviste de l'Isère, qui succéda à M. Teissier, appréciant à son tour l'intelligence et l'activité d'Eiglier dans l'œuvre si délicate du classement des Archives anciennes, sollicita pour lui le titre d'archiviste-adjoint le 2 Juin 1877; il basa sa demande sur l'étendue de ses connaissances acquises en histoire locale et en Paléographie sous la direction de M. Blancard, Archiviste en chef du Département. Ce titre ne lui fut ni refusé ni donné, que je sache, officiellement, mais il en occupa les fonctions après le départ de son chef.

Quoique précaire, cet emploi aurait pu suffire à l'ambition d'Eiglier, si une nouvelle administration n'était venue en 1878 ébranler sa modeste position sans tenir compte des services rendus. Parmi les membres du conseil, les uns demandaient pour diriger les archives un élève sorti de l'Ecole des Chartes ; d'autres pour qui la France n'existe que depuis 1789 voulaient supprimer le Directeur, l'Adjoint et ne conserver qu'un simple expéditionnaire pour les archives modernes. Au milieu de ces tiraillements qui eurent six mois de durée, notre ami dégoûté des hommes et des choses de son emploi donna brusquement et à regret sa démission en Janvier 1879, pour se livrer au commerce.

Ce n'était pas là sa vocation ; néanmoins, sa nature ardente et ses idées philantropiques lui firent ambitionner son entrée dans la Société des commis et employés quoiqu'il fut associé-intéressé dans une ancienne maison de commerce. Ses idées larges et généreuses le firent distinguer des autres membres, et lui valurent l'honneur, quoique jeune et admis depuis un an dans la société, de faire partie du conseil d'Administration en 1881. Lorsque cette société voulut reviser l'année suivante ses statuts pour briser certaines entraves qui gênaient son développement, il fut nommé Secrétaire-Rapporteur de la commission de revision ; il rédigea un rapport qui par sa clarté et son mode de rédaction fera époque dans les Annales de la Société si prospère aujourd'hui sous la direction de M. Chanal. Elu Secrétaire-général du Conseil d'Administration en 1881, il dut résigner son mandat pour cause de maladie.

Entre-temps, Eiglier, poète et musicien à son heure, sut charmer les loisirs qu'il s'était donnés volontairement par des études musicales suivies et par des correspondances commerciales rimées avec M. Rovagnet, fabricant de Lyon, aussi lettré que lui ; rien n'est plus curieux que cet échange de lettres versifiées, joviales et cependant sérieuses, débattant le prix des marchandises et leur écoulement plus ou moins facile sur la place de Marseille et à l'étranger.

Cet amusement littéraire et ces distractions musicales laissèrent néanmoins son cœur froid et vide au milieu des séductions banales de ce monde. Son esprit droit et réfléchi, la mort d'une sœur qu'il chérissait tendrement, lui firent comprendre de bonne heure qu'il ne trouverait la paix et le bonheur que dans une alliance de famille rêvée depuis longtemps.

M. Chanal, Président de la Société des commis, qui le connaissait bien a pu dire de lui au moment de son mariage en 1882 qu'Eiglier joignait à une instruction aussi solide que variée un cœur tendre et bon, un caractère exempt d'aspérités, à tel point qu'il suffisait de le voir pour l'estimer et de le connaître pour l'aimer. C'est dans le bonheur sans nuage de la vie conjugale, au milieu de ses deux jeunes enfants, et avec l'amitié précieuse et dévouée de son cousin et associé qu'il passa les dernières années de sa vie. Elles furent malheureusement assombries par une maladie qui le tint éloigné des affaires pendant deux ans. Il ne fut arraché à la mort qui le menaçait à chaque instant que par le dévouement inépuisable de jour et de nuit que lui prodigua Madame Eiglier ; grâce à ses soins intelligents, il semblait renaître à la vie l'année dernière, lorsque la mort vint le surprendre d'une manière foudroyante dans la nuit du 15 avril 1888, car la veille à 4 heures il copiait encore une charte du mémoire sur le *Droit de Marque* qu'il voulait publier.

Pendant son trop court passage aux Archives de la Mairie, Eiglier avait copié des documents inédits fort curieux qu'il se proposait de livrer au public ; il envoya, en 1874, au comité des travaux historiques la notice inédite d'une Généalogie des Comtes de Provence rédigée en 1503 d'après les archives d'Aix par le secrétaire archivaire royal à la demande de la commune de Marseille ; en 1877, son mémoire sur le “ Droit de Marque ou de représailles ” dans cette ville eut les honneurs d'une lecture à la réunion du Congrès des Sociétés savantes à la Sorbonne. Les conclusions de ce travail remarquable furent insérées avec assez d'étendue dans le tome 37 des mémoires de la Société de Statistique dont il etait membre.

Depuis sa sortie de la Mairie, Eiglier passa le temps que les affaires commerciales mirent à sa disposition à mettre en ordre ses documents copiés dans les Archives, à les compléter et à refaire son principal ouvrage “ Le Droit de Marque ” auquel il voulait donner plus de développement et le faire suivre des pièces justificatives. Confident de sa volonté, je ne cessai de lui commander le repos et de ne point fatiguer son cerveau mal disposé ; mes recommandations furent inutiles, car il protestait toujours de sa bonne santé, et le jour de sa mort, le texte de son mémoire était complètement rédigé et les chartes recopiées presque en totalité.

Cette excellente dissertation sur un des privilèges de la ville de Marseille, à laquelle je n'ai fait aucune retouche, témoigne de la lucidité d'esprit et de l'intégrité des facultées intellectuelles de l'auteur ; il en a donné une dernière preuve, par voie testamentaire, dans l'expression délicate et touchante de ses sentiments d'amour et de reconnaissance pour le dévouement de celle qui l'avait rendu heureux pendant les dernières années de son existence et qui fut son ange gardien pendant sa maladie.

Madame Veuve Eiglier, dépositaire de la volonté de son mari, rendra service à la science en publiant le manuscrit dont je viens de parler, et en l'offrant, comme pieux souvenir, aux nombreux amis de l'auteur.

Dr L. Barthelemy.

AVANT-PROPOS

Dans un travail aussi remarquable que complet publié, en 1866, sur le Droit de marque et de représailles au moyen-âge (1), M. Réné de Mas-Latrie examine à tous les points de vue et développe sous toutes ses faces ce sujet rempli d'intérêt. Après avoir recherché l'origine de ce droit dont il ne trouve aucune trace dans la législation de l'Empire Romain, il croit pouvoir affirmer qu'il est sorti des coutumes et du droit germanique, à la suite de l'invasion des Barbares.

L'auteur examine alors à fond sa nature, son caractère par rapport à la philosophie et aux mœurs, son mode d'application, les formes légales qui en accompagnaient le fonctionnement, les modifications qu'il était susceptible de recevoir selon les pays et les villes où il était en vigueur, ses conséquenses, ses dangers et enfin les circonstances qui ont amené son abolition progressive. Nous conseillons donc à tous ceux qui voudront avoir des données exactes et sérieuses sur le droit de marque à consulter ce travail qui est assurément le plus important qui ait été publié jusqu'à ce jour.

Notre rôle sera plus modeste : nous nous bornerons à étudier le droit de marque ou de représailles à Marseille, tel qu'il a fonctionné dans cette ville depuis l'époque où il y a pris naissance c'est-à-dire dans les premières années du XIIIe, jusqu'aux dernières du XVe Siècle. Dans cet espace de trois siècles environ nous verrons que les formalités qui précédaient et accompagnaient la

---

(1) Du droit de marque ou de représailles au moyen-âge, par M. R. de Mas-Latrie. *(Bibliot. de l'Ec. des Chartes. 1866, T. 2 p. 529).*

concession et l'exercice des lettres de marque n'a jamais varié, bien que la procédure en fut très compliquée ; nous verrons également que si ce droit constituait une des prérogatives primordiales des Marseillais qu'ils revendiquaient hautement et défendaient énergiquement lorsqu'il était attaqué ou simplement contesté, il avait aussi des inconvénients et même des dangers, surtout au point de vue commercial.

Les habitants des villes de la province et les étrangers menacés du droit de représailles n'osaient plus venir à Marseille pour y trafiquer, les relations étaient alors complètement brisées et les Marseillais qui avaient décerné des représailles à la suite d'un déni de justice de la part des officiers de la ville ou de la nation en jeu, ne pouvaient se faire justice par eux-mêmes ; dans ces conditions on arrivait de part et d'autre soit à une suspension des représailles pour un temps déterminé, soit à une révocation complète à la suite d'une transaction, soit enfin à la transformation des représailles en droits nouveaux imposés sur les marchandises échangées par les commerçants des deux pays.

DROIT DE MARQUE

OU DE

REPRÉSAILLES

I

Avant d'être solennellement proclamé par les Statuts et les Chapitres de Paix, le privilège de marque et de représailles avait déjà été concédé, mais d'une façon fort incomplète, il faut bien le reconnaitre, par un diplôme des vicomtes Roncelin et Giraud-Adhémar, daté du 7 des Ides de Novembre 1212. (1) Ces deux vicomtes, qui ajoutaient à leur titre celui de Seigneurs de Marseille, avaient accordé à toute l'Université Marseillaise et particulièrement et nominativement à Guillaume Vivaud, le jeune, à Pierre de Saint-Jacques et au notaire Janvier l'exercice de ce droit réglé ainsi qu'il suit :

Quand un Marseillais aura éprouvé un dommage quelconque du fait d'un étranger, le Vicomte ou son représentant enjoindra immédiatement aux agents du pouvoir du pays de l'offenseur d'avoir à donner satisfaction pour le dommage éprouvé et à restituer la chose prise, s'il y a eu vol.

En cas de refus et après deux avertissements ou sommations, il sera interdit aux compatriotes de l'offenseur de venir à Marseille, jusqu'à complète réparation du dommage causé, et ceux qui s'y trouvent ou y résident en ce moment devront quitter la ville immédiatement avec leurs biens *Cum rebus suis.*

Ceux qui, se trouvant à Marseille, jouiraient du droit de protection ou de sauf-conduit (2), perdront le bénéfice de ce droit, et l'offensé, ainsi que les autres habitants de Marseille, pourront sans inconvénient aucun mettre sous séquestre leurs biens et facultés partout où ils en trouveront l'occasion *ubicumque eas invenerint.*

(1) Archives Communales de Marseille. Série AA. Liasse n. 5.

(2) *In nostra fuerint salvataria seu guidagio.*

Dans cet acte on ne voit pas figurer une seule fois les mots *laudum*, *marchamenta*, *gravamenta*, *repressalie* et *gajarie*, qui doivent devenir plus tard les désignations officielles du droit qui nous occupe ; l'expression *pignorare* y figure seule. Il renferme aussi une contradiction frappante en enjoignant aux compatriotes de l'offenseur de sortir de Marseille *cum rebus suis* lorsque plus bas, il autorise le séquestre de ces mêmes biens et qu'il semble viser plus particulièrement les facultés de ceux qui se trouvent en tutelle dans la Ville. Enfin, deux dispositions seront également modifiées, celle qui concède le privilège du séquestre aux citoyens Marseillais autres que l'offensé, et celle qui en autorise l'exercice partout où l'occasion se présentera *ubicumque eas invenerint*.

Malgré ses imperfections et ses inconséquences, l'acte des Vicomtes Roncelin et Giraud-Adhémar avait jeté les premières bases des formalités qui devaient présider à l'exercice du droit de marque à Marseille, car elles furent reproduites, avec de plus amples développements, dans les Statuts Municipaux, ainsi que nous le verrons plus loin. Ces formalités constituaient une procédure excessivement compliquée. Les divers procès-verbaux que nous avons recueillis et qui sont d'ailleurs en parfaite conformité avec le texte des Statuts nous permettent d'établir cette procédure de la manière suivante : Plainte portée par la partie lésée à la Cour Royale de Marseille ; sommations adressées par celle-ci aux officiers de justice du pays de l'offenseur ; constatation officielle du déni de justice ; adhésion du Conseil de Ville aux réclamations des suppliants ; et enfin, concession du droit de marque par le pouvoir Comtal représenté par le Viguier ou son Lieutenant.

Il n'y a guère qu'un point, pourtant assez important, que nous n'y voyons pas figurer, c'est celui du délai fixé entre la concession et l'application des représailles : la loi Marseillaise est muette à ce sujet. A quoi faut-il attribuer cette omission ? C'est ce que nous ne saurions établir. Toujours est-il que les Marseillais devaient se féliciter de trouver cette lacune dans une procédure déjà presque interminable.

Il y a lieu de constater, à la louange de ces derniers, que s'ils ont hautement protesté toutes les fois qu'une ville ou une nation voisine s'arrogeait à leur encontre le droit de représailles, ils en ont, de leur côté, constamment suivi en tous points les longues et minutieuses formalités qui en accompagnaient la concession, et qu'ils n'ont jamais tenté de se soustraire aux lenteurs de cette fastidieuse procédure.

II

Au commencement de l'année 1228, des navigateurs marseillais avaient capturé un navire et saisi diverses marchandises appartenant à des sujets pisans. Le Podestat de Pise nomma immédiatement des délégués qui se rendirent à Marseille et présentèrent au Conseil Général de la Ville, le 10 des Kalendes de Mai (22 Avril) une requête du dit Podestat qui réclamait une somme de 1173 livres, 10 sous de royaux couronnés, comme indemnité pour la prise du navire pisan et des marchandises. Comme nous n'avons pas trouvé la suite donnée à cette réclamation, nous avons tout lieu de croire que le Conseil refusa d'y obtempérer, et que les représentants, de Pise, voyant qu'ils avaient à traiter avec une rivale plus puissante que leur ville, dûrent se retirer sans avoir rien obtenu (1).

Nous allons maintenant donner l'analyse sommaire des articles des Statuts et des Chapitres de Paix sur lesquels s'appuyaient constamment les Marseillais dans toutes les contestations. procès et différends qu'ils eurent à soutenir au sujet de la sauvegarde et du maintien du droit de marque et qui, dans toutes les circonstances, leur donnaient invariablement et forcément gain de cause.

Les Statuts établissaient d'abord d'une façon formelle que si un étranger à la Ville, qu'il fut originaire d'une ville ou d'une nation voisine, pour n'importe quel motif soit de vente, d'échange ou tout autre, avait une dette contractée vis-à-vis d'un citoyen marseillais ou lui avait frauduleusement soustrait des objets quelconques, marchandises ou autres, ce dernier avait le droit de porter sa plainte aux Consuls ou au Recteur; lesquels adresseraient aux magistrats sous la juridiction desquels se trouvait l'offenseur *une*, *deux* et au besoin *trois sommations* pour qu'il fut donné satisfaction à l'offensé dans le cas d'une dette comme dans celui d'un vol. Dans le cas où les dits magistrats refuseraient ou négligeraient de souscrire aux sommations à eux adressées, et de faire réparation du tort et du préjudice causé au citoyen marseillais, celui-ci obtiendrait immédiatement le droit de marque (laudum) sur tous les biens et facultés autant de l'étranger dont il avait eu à se plaindre que de tous les autres sujets, ses compatriotes, qui étaient comme lui sous la juridiction des magistrats qui avaient commis le déni de justice. Les concessions du droit de marque qui auront lieu à l'avenir et qui seront faites par les Podestats, les Consuls ou les Recteurs, ainsi que celles qui sont contenues dans le présent chapitre, devront n'être concédées qu'avec l'approbation du Conseil Général de la Ville et à la condition d'un vote qui réunisse une majorité suffisante (2).

---

(1) Archives Communales, Série EE, Charte 1.
(2) Statuta Massilie, Lib. II Cap. XXX.

Les Statuts contiennent encore des dispositions contre les étrangers qui auraient violenté ou molesté des Marseillais, soit par une offense corporelle, coups ou blessures, soit en leur ayant dérobé des objets ou des marchandises. Ils interdisent formellement à tous les Marseillais sans exception, y compris le Recteur lui-même, d'accorder protection ou sauf-conduit à l'offenseur dans la Ville ou son territoire, sans le consentement et la volonté expresse de l'offensé ou de son héritier ou, en son absence, de ses parents les plus rapprochés, et au besoin de ceux qui sont connus comme figurant au nombre de ses amis intimes. Et dans le cas où l'offensé ou ses représentants ayant refusé leur consentement, l'offenseur s'obstinerait à venir à Marseille et qu'on l'y rencontrât, tous les citoyens marseillais avaient le droit de tirer vengeance, à moins que celui-ci n'ait obtenu de celui à qui il avait causé le préjudice, le dommage ou le vol, l'assurance que l'affaire n'irait pas plus loin, et qu'il était disposé à transiger à l'amiable ; ou bien qu'une paix ou une concorde générale ai. été conclue entre le pays, la ville ou la localité à laquelle appartient le dit offenseur et la ville de Marseille, par laquelle il aura été décidé par le Recteur et les Consuls ou les autres administrateurs en fonctions en ce moment. qu'il y aura oubli des dommages, offenses et violences. De p.us, les Consuls, les Recteurs et les Juges seront tenus d'écouter la demande de tout Marseillais qui, voulant accorder pour lui-même, sans l'ébruiter, un sauf-conduit à un étranger qui l'aura offensé, tiendra à ce qu'elle soit enregistrée dans le Cartulaire de la Cour Marseillaise (1).

Passons aux Chapitres de Paix. Le Chapitre n° 26 déclare que le Comte, la Comtesse et leurs successeurs s'engagent à perpétuité à aider, protéger et défendre les citoyens marseillais et leurs biens, en tous lieux, et, si quelqu'un les offensait dans leurs personnes ou leurs biens, à poursuivre leurs ennemis et à intervenir en faveur des Marseillais en leur accordant d'user du droit de marque - *marchamenta seu gravamenta facere* - et en se conformant ainsi à ce qui s'est toujours fait d'après leurs droits ou leurs usages, comme doit le faire d'ailleurs un bon seigneur qui a le devoir de défendre et d'aider ses sujets fidèles et dévoués.

Le n° 31 traite du sauf-conduit qui ne sera jamais accordé par le Comte et ses successeurs dans la ville de Marseille à quiconque aura offensé un citoyen marseillais dans sa personne ou dans ses biens ; les viguiers en fonctions seront dans cette circonstance les représentants du pouvoir Comtal, avec l'aide et l'assistance de la Cour Marseillaise. Et si l'offense ou la violence s'est produite dans

---

(1) Statuta Massilie, Lib. V Cap. XXXIX.

une guerre à la suite de laquelle a été conclue une paix honorable. l'offenseur ne pourra obtenir le sauf-conduit que dans le cas où il prêtera le serment de se conformer et d'obéir aux règlements et aux jugements de la Cour, mais seulement à la condition que l'offense aura porté sur les biens et non sur la personne de l'offensé.

Le Chapitre n° 35 porte que le Comte, ses successeurs ou ses représentants n'exigeront jamais des Marseillais, des ôtages ou des gages, et interdit formellement à tous les représentants du pouvoir, soit en Provence, soit à Marseille, soit dans son territoire, pour n'importe quelle raison, occasion ou circonstance qui puisse se présenter, de les extraire de la Ville ou de les y retenir contre leur gré ou leur bon vouloir dans des questions de gages ou d'ôtages.

On voit par cet exposé succinct que la Ville de Marseille avait des armes suffisantes pour défendre en cas de besoin le privilège dont elle jouissait et qui lui permettait d'occuper vis-à-vis des étrangers et des autres villes du Comté de Provence une position et une situation exceptionnelles.

III

Le premier exemple de concession de représailles qui se présente, après l'affaire dans laquelle la Ville de Pise avait demandé à celle de Marseille une indemnité pécuniaire à l'occasion de la saisie d'un navire avec ses marchandises faite par des navigateurs marseillais, indemnité qui lui avait été probablement refusée, est un différend avec les sujets de Bertrand de Baux, seigneur de Berre.

En l'année 1292, ce Seigneur avait exigé de certains Marseillais, passant dans ses terres, des droits de péage et autres dont ils étaient exempts et affranchis en vertu de leurs privilèges. Sur la requête qui lui fut adressée par ceux-ci, le Conseil Général de la ville décida, dans sa séance du 6 des Kalendes de Mai (26 Avril), qu'il serait exercé des gageries sur les biens des hommes placés sous la dépendance de Bertrand de Baux, mais non sur leurs personnes. Cette délibération sortit à effet, puisque le 5 des Ides d'Août (8 Août) de l'année 1300, nous voyons se présenter devant le juge Mage, Guillaume du Puy, les bouchers marseillais Bertrand de Vaux, Olivier Rebuffat, Hugues Delacroix et Bertrand Michel qui portent plainte au sujet de droits indûments perçus sur leurs troupeaux par les sujets du seigneur de Berre, invoquent en leur faveur la décision du 26 Avril 1292, et demandent l'autorisation d'exercer les dites gageries contre les biens ou les marchandises de ceux-ci, autorisation que le juge Mage leur accorde (1).

(1) Arch. Communales, Série EE, Charte n. 9.

Quelques années après, ce furent des pirates Catalans qui subirent les effets des lettres de Marque décernées contre eux par les Marseillais, voici dans quelles circonstances. Dans la séance du 20 Septembre 1311, le Conseil Général reçoit une communication portant que quelques citoyens marseillais avaient été pris et arrêtés, avec leurs biens, par des Catalans; qu'ils avaient été conduits comme captifs dans diverses localités de leurs pays, et exposés en vente sur un marché public. Le Conseil délibère immédiatement que, le Roi-Comte de Provence d'après les dispositions des Chapitres de Paix s'étant engagé à tirer du péril et à défendre les Marseillais dans leurs personnes, comme dans leurs biens, contre tous ceux qui leur auront occasionné un dommage ou une perte, ou fait subir une violence quelconque, il convient de requérir le Viguier de prendre, sur les revenus royaux dans la Ville de Marseille, les sommes nécessaires pour armer une galère ou un vaisseau, afin de poursuivre et de capturer les pirates et autres écumeurs de mer, et qu'il convient de purger celle-ci de tous ceux qui en font le théâtre de leurs violences et de leurs spoliations.

Le Viguier, Guirand de Simiane, prend bonne note de la requête, et répond qu'il va y aviser immédiatement et faire exécuter dans tout leur contenu les dispositions des Chapitres de Paix (1).

A peine l'affaire des pirates Catalans avait-elle reçu sa solution, qu'une autre, mais celle-là moins importante, surgit avec les Languedociens. Un citoyen de Nimes, Jacques de Tres-Émines, avait, parait-il, éprouvé un dommage ou subi une offense de la part d'un ou de plusieurs sujets marseillais et avait demandé au roi Robert, Comte de Provence, pour lui et ses compatriotes, le droit de marque contre les Marseillais, ce qui lui fut accordé. Les lettres du souverain portaient que le droit demandé, - *marcamentum* - serait concédé aux hommes de sa juridiction *ultra Rodanum* contre tout citoyen de Marseille ou habitant de cette ville. La population ainsi que l'administration marseillaises éprouvèrent une vive irritation de cette mesure vexatoire, et le Conseil Général délibéra d'envoyer des ambassadeurs auprès du Roi pour lui démontrer l'immense préjudice qui résultait pour eux de la concession du droit de marque qu'il venait d'octroyer aux gens du Languedoc. Le Roi accueillit favorablement la demande de l'ambassade, et, par des lettres datées de Naples, le 21 Février 1318, enjoignit formellement au Sénéchal de Beaucaire et de Nimes, d'avoir à faire révoquer immédiatement le dit droit, les officiers de Marseille étant d'ailleurs disposés à accorder au

(1) Arch. Communales, Série EE, Charte n. 12.

plaignant, Jacques de Tres-Emines, pleine et entière satifaction et à réparer le dommage causé, s'il y en a eu un (1).

Les habitants de Puyricard et d'Eguilles ayant perçu, sur les Marseillais qui traversaient leurs territoires et notamment sur des bouchers, des droits de péage dont ceux-ci avaient soutenu qu'ils étaient exemptés en vertu de leurs privilèges, libertés et immunités, plainte fut portée par ces derniers à la Cour Royale et le 7 Février 1339, Pierre Dufour, juge du Palais, prononça une sentence par laquelle il ordonnait de mettre en vigueur et à exécution, pour la circonstance, une ordonnance de Rostang de Sabran, Seigneur de Châteauneuf, viguier de Marseille, en date du 27 Juillet 1324, qui autorisait les Marseillais de la Ville Vicomtale à exercer, à titre de représailles, des gageries sur les facultés des hommes de Puyricard et d'Eguilles, jusqu'à concurrence de la valeur des objets saisis et des droits qu'ils avaient voulu percevoir indûment sur des Marseillais, contrairement aux dipositions des Chapitres de Paix qui les en exemptaient formellement (2).

IV

Nous avons dit au début de cette étude, que les Marseillais suivaient toujours en tous points les longs détails qui constituaient les formalités requises par les Statuts pour en arriver à exercer le droit de marque en pleine connaissance de cause. Le fait suivant va nous le prouver surabondamment.

Le 23 Juin 1353, dans un Conseil tenu en présence de Bertrand Porcellet, Seigneur de Fos, lieutenant du Viguier, et de Léonard de Clusis, juge du Palais, il est fait lecture d'une supplique de Nicolas Giraud et de Catherine et Guillemette Amisard et des fils et héritiers de feus André Amisard et Amisard Amisard.

A l'occasion du mariage de Jean Félici, de Manosque, avec Fisette, leur sœur, André et Amisard Amisard avaient reconnu à Jean Félici une somme de 300 florins d'or de Florence, que celui-ci avait régulièrement perçus. Les deux époux étant morts, les suppliants, comme neveux et héritiers de leur tante Fisette, avaient réclamé la restitution des 300 florins, montant de la dot, détenus par Garcende Félici, de Manosque, mère de Jean ; mais les officiers de cette ville, malgré les réclamations reitérées des co-héritiers, avaient négligé de faire procéder à cette restitution. En présence de cette situation, les héritiers, voulurent user des

---

(1) Arch. Communales, Série EE. Charte 13.
(2) Arch. Communales, Série EE, Charte 16.

moyens extrêmes en demandant au Viguier et au Conseil Général le droit de *marque ou représailles* contre les habitants de Manosque et leurs biens jusqu'à complet remboursement des 300 florins et des frais faits et à faire.

Le lieutenant du Viguier autorise alors le Conseil à nommer quatre de ses membres pour examiner la justesse de la réclamation des dits héritiers, avant de donner suite à l'affaire et de prendre les mesures demandées par eux.

Dans la séance du 4 Juillet suivant, Pierre Amiel, notaire, au nom des quatre délégués, expose au Conseil qu'il résulte de l'examen sérieux et approfondi de la question que les officiers de Manosque, quoique réglièrement requis à diverses reprises de faire droit aux prétentions des hoirs Amisard, ont apporté la plus coupable négligence dans cette circonstance, et qu'il convient d'accorder aux requérants le droit de représailles et de marque contre les habitants de Manosque. Le Conseil se range à cette opinion et, sur sa requête, le lieutenant du Viguier accorde immédiatement aux hoirs Amisard le pouvoir d'exercer ce droit sur les habitants de Manosque et sur leurs facultés dans la Ville de Marseille et son territoire (1), conformément aux privilèges et aux Chapitres de Paix de la Ville, jusqu'à concurrence des 300 florins et des frais.

Dans la séance du 23 juillet, le Viguier lui-même, Raynaud de Montauban, sur la demande du Conseil, déclare approuver et ratifier la concession du droit de marque accordée par son lieutenant aux dits héritiers, pour donner une nouvelle sanction à cette mesure prise dans le but de corroborer sur ce point les dispositions des Chapitres de Paix *in uberioris cautele suffragium ut nullum quocumque modo resultet dubium de novo in observanciam libertatum et capitulorum pacis dicte civitatis Massilie* (2). On voit que toutes les formalités exigées par les Statuts, dans ce cas comme dans tous les autres procès-verbaux de concession de droit de marque qui abondent dans le Dépôt des Archives Municipales, ont été scrupuleusement et ponctuellement observées et exécutées.

Une considération d'un autre genre qu'il convient maintenant de signaler c'est que si, d'une part le droit en question occupait une des premières places dans les nombreux privilèges dont jouissait la Ville de Marseille, et lui procurait de réels avantages sur d'autres villes ou localités moins favorisées, il présentait d'un autre côté un certain nombre d'inconvénients dont un des principaux était de briser toutes relations commerciales avec les

(1) Ubicumque infra Massiliam seu ejus districtum reperiri contingerit.

(2) Arch. Communales, Série EE, Charte 17 bis.

habitants de ces villes, lesquelles s'abstenaient pour le même motif de venir trafiquer à Marseille; de telle sorte que les Marseillais se voyaient forcés, dans certains cas, de révoquer ou de suspendre pour un temps déterminé, les représailles qu'ils avaient décidé d'exercer contre eux. C'est à la suite de cette considération que Geoffroi Larcari, Seigneur du Luc, Viguier de Marseille, adressa, à la requête du Conseil Général, et d'après une délibération prise en date du 3 Novembre 1356, des lettres aux officiers royaux des communautés d'Hyères, Toulon, Brignoles, Saint-Maximin, Draguignan, Grasse etc.. les informant qu'en vue d'assurer et de maintenir les transactions commerciales avec leurs sujets, le droit de représailles dont jouissent les Marseillais serait suspendu pour une durée de 10 années à compter du jour de la date de la délibération prise par le Conseil (1).

Malgré cet engagement pris par la Ville de Marseille vis-à-vis des Villes que nous venons de citer, une rupture eut lieu ou plutôt faillit avoir lieu, non pas de la part des Marseilllais, mais de celle des Toulonnais qui, ne tenant nul compte de ce qu'ils étaient à l'abri des représaillles de ceux-ci pour 10 ans, réclamèrent, au contraire, pour eux l'exercice du dit droit contre les Marseillais. Voici comment l'incident se produisit :

Au commencement de l'année 1359, la Ville de Toulon envoya auprès du Roi Louis de Tarente et de la Reine Jeanne deux délégués, Rostang Fresquet et le notaire Jean Pavès, chargés de demander pour leurs concitoyens le droit de marque et de représailles contre les Marseillais et autres habitants des lieux de la Provence dont ils subissent souvent les attaques ou les violences, à moins que le Roi et la Reine puissent prendre des mesures nécessaires en pareille circonstance afin de garantir leur sûreté personnelle à Marseille et partout ailleurs. Les deux députés prennent congé des souverains en emportant l'assurance qu'il sera fait droit à leur juste réclamation. En effet, par lettres-patentes de Louis et Jeanne datées de Naples le 21 Avril 1359 et adressées aux Sénéchaux des Comtés de Provence et de Forcalquier, ceux-ci sont invités formellement à veiller avec le plus grand soin à ce qu'il ne surgisse pas de motifs de conflits entre leurs sujets, et d'écarter autant que possible les faits qui pourraient donner lieu à des demandes de représailles. Et, si, malgré toutes ces précautions, il survenait des discussions ou des difficultés, à prendre immédiatement toutes les dispositions voulues pour les faire disparaître au plus-tôt (2).

---

(1) Archives Communales, Série EE, Chartes 18.

(2) Archives Communales de Toulon, Serie FF.

Dans le courant de la même année 1359, le Conseil Général reçut dans son sein un citoyen Génois nommé Bienvenu de Bracilis, député par l'administration de sa ville et muni de lettres de créance, avec mission de demander au dit Conseil la révocation du droit de représailles qui avait été depuis peu décrété contre les Génois à la requête de Pierre de Saint-Jacques lequel avait éprouvé un dommage grave de la part d'un de leurs citoyens. Le Conseil Général répondit au nom de la Ville que les Marseillais, sur la question de révocation de représailles, ne pouvaient pas entrer dans cette voie, mais seulement qu'ils étaient disposés à accorder pleine et entière satisfaction, s'il se présentait quelqu'un qui demandât justice (1).

L'année suivante, une nouvelle affaire relative à des pirates Catalans qui avaient capturé des vaisseaux appartenant au commerce marseillais se produisit. Les Marseillais ayant envoyé à Naples auprès du Roi et de la Reine des ambassadeurs pour informer ces souverains que c'était pour la seconde fois depuis peu de temps que pareil fait se produisait, Louis de Tarente et Jeanne adressèrent immédiatement des lettres-patentes, en date du 24 Novembre 1360, au Viguier de Marseille, lui mandant de faire une enquête sur les faits en question et d'informer ensuite à ce sujet, en lui recommandant de leur faire connaître à Naples le résultat de la dite procédure (2).

Les Toulonnais, quelques temps après, mirent la Ville de Marseille dans la nécessité de rompre l'engagement de 10 ans qui stipulait de la part de cette dernière une sorte de trêve à l'exercice du droit de marque contre certaines villes parmi lesquelles, comme on l'a vu plus haut, figurait celle de Toulon. Un citoyen de cette ville, Jacques Raynaud, bailli du Frainet, devait depuis fort longtemps à Jacques Torcat, de Marseille, une somme de cent florins d'or. A la requête de celui-ci, la Cour Royale de Marseille avait fait à celle de Toulon les réquisitions et les sommations d'usage afin de faire obtenir justice à Jacques Torcat, en lui restituant la somme dûe, et le Conseil avait, de son côté, décidé de nommer une commission de 3 membres pour examiner l'affaire et apprécier la suite qu'il y avait à lui donner (séance du 19 Septembre 1363). Deux jours après, la Commission composée de Bertrand Tribolet, Jean d'Astrigiis et Jean Casse, dépose son rapport qui déclare qu'elle a examiné les lettres, les pièces de procédure envoyées par la Cour de Marseille à celle de Toulon, et elle conclut que la Cour ou le Bailli de la Ville de Toulon ont refusé de rendre

(1) Arch. Communales, Série EE. Charte 21.

(2) Arch. Communales, Registres de Pierre Amiel, Jean Joli et Jean Audibert notaires.

justice et elle en donne pour preuve les réponses inscrites au dos des dites lettres : *Juxta responsiones factas a tergo litterarum predictarum.*

C'est alors que le Viguier Pons de Monteils, considérant les dispositions des Statuts et des Chapitres de Paix de la Ville de Marseille, qu'il a juré lui-même de faire respecter et observer, concède le droit de marque et de gageries au dit Jacques Torcat, autant contre le dit Jacques Raynaud, notaire, et ses biens, que contre ceux de tous les citoyens ou habitants de la dite ville de Toulon qui viendraient dans la ville de Marseille ou son territoire, jusqu'à concurrence de la complète restitution des dits cent florins, dont il est fait mention dans les présentes lettres, avec les frais et les intérêts (1).

Le 18 Mai 1361, le droit de représailles fut accordé à noble Imbert d'Alamanon contre les habitants de Rognes, La procédure suivie dans tous les actes de concession de ce droit étant identique à celle que nous avons transcrite dans l'analyse de l'acte du 23 juin 1353, relative aux hoirs Amisard, nous nous bornerons dorénavant à signaler seulement la requête de qui et contre qui cette concession a eu lieu (2).

Nous empruntons maintenant à l'historien Ruffi les lignes suivantes relatives à la concession de représailles contre les habitants de Nice et d'Arles. « Et parce que la Ville de Nice avait reçu et acheté de quelques voleurs certaines marchandises qui avaient été dérobées à un Marseillais, et qu'elle ne rendit pas une exacte justice sur cette affaire, quoique la Ville de Marseille eut écrit en faveur de son citoïen, les Marseillais en furent tellement outrés qu'ils firent représailles sur ceux de Nice, non seulement jusqu'à la concurrence de 50 florins que se montoit ce qui avoit été dérobé, mais encore sur la somme employée aux frais et aux dépens qu'on avoit été obligé de faire pour ce sujet. Ceci se passait dans l'année 1365. »

Dans le courant de la même année, les Marseillais avaient obtenu de la Reine Jeanne des lettres portant que tous les Provençaux seraient tenus de respecter les privilèges et les libertés marseillaises. Les lettres patentes que la Reine avait fait expédier aux Marseillais ne leur furent pas beaucoup avantageuses ; elles furent reçues avec chagrin et on n'y eût aucun égard. Tellement que, pour les exécuter et faire valoir l'autorité de la Reine à leur profit, ils furent contraints de se servir du remède qui était pour

---

(1) Arch. Communales de Marseille, Série FF. Charte 37.
(2) Arch. Communales de Marseille, Série FF. Charte 38.

lors en usage, sçavoir de faire des représailles contre ceux qui leur avoient fait quelque tort. Ils firent donc des saisies sur les habitants à Arles jusqu'à la concurrence des sommes qu'ils avoient exigé sur eux pour un *droit* de pontonage (1). »

V

Il faut rendre cette justice aux Marseillais que lorsqu'ils avaient involontairement commis une erreur en exerçant le droit de marque, ils avaient la bonne foi, lorsqu'ils venaient à s'en apercevoir, de la réparer immédiatement en donnant satisfaction à la partie lésée ou offensée. C'est ainsi que le 12 Octobre 1368, Girard Adhémar, Viguier de Marseille, ordonna la restitution à un certain Visconti, de Diano, citoyen de Port-Maurice, d'un vaisseau naviguant pour son compte, et qu'on avait soupçonné, à tort, d'appartenir aux ennemis de la Reine Jeanne (2).

L'année suivante, le 25 Février, en présence de Guyon de Villiers, bailli de Montamat, un citoyen d'Agde, Jacques Baudeuil, présente des lettres patentes de Louis, frère du Roi et son lieutenant en Languedoc, adressées au bailli de Montpellier, conçues en ces termes : « Louis frère du Roi (3) et son lieutenant en Languedoc au bailli de Montpellier. Des gens mal intentionnés ont répandu le bruit que des lettres de marque avaient été accordées par Nous contre les Provençaux, parce que la trêve conclue entre Nous et la Reine de Sicile, notre cousine, expire à la fin du mois de Février, de sorte que la plupart des marchands qui venaient aux foires de Montamat n'osent plus s'y rendre ; ce qui est faux, car il n'existe point de lettres de marque ; et s'il en existait, elles ne viseraient point les marchands en question, et de plus, la trêve entre Nous et la Reine de Sicile, n'expire qu'à la fête de Saint-André, et Nous voulons, au contraire, qu'elle soit rigoureusement et scrupuleusement observée. C'est pourquoi, nous vous mandons de faire publier aux lieux accoutumés et avec la plus grande diligence, que ces bruits sont faux et que les marchands peuvent venir en toute sécurité. Ce 25 février 1368 (4). »

Le bailli, se conformant aux ordres contenus dans cette lettre, en fait publier les dispositions, dans la forme accoutumée, par Bernard Verdier, crieur public de la Ville.

---

(1) Ruffi. Hist. de Marseille, page 198.

(2) Arch. Communales, Série EE. Charte 22.

(3) Charles V et fils du feu Roi Jean II.

(4) Série EE, Charte 22 bis. — La véritable date de l'année est 1369 ; seulement, comme à cette époque, l'année commençait à Marseille le 25 Mars, d'après le style florentin, le 25 fevrier faisait encore partie de l'année 1368.

Nous abordons maintenant un fait qui, à notre avis, est celui qui présente le plus d'intérêt dans cette étude, en montrant comment les Marseillais savaient être énergiques et se défendre à coups d'arguments lorsqu'on attribuait à une autre ville qu'à la leur le droit de marque et de représailles, dont ils devenaient susceptibles d'être atteints. C'est un différend qui dura un certain nombre d'années entre les Villes de Marseille et d'Arles, car, commencé en 1380, il n'eut sa solution qu'en 1385.

Dans le courant de l'année 1380, les Marseillais, à propos d'un droit de péage indûment perçu par les Arlésiens et dont ils étaient affranchis en vertu de leurs Chapitres de Paix, avaient exercé des représailles contre ces derniers. Ceux-ci pour un motif de même nature décrétèrent, de leur côté, des représailles contre les Marseillais, et comme ce système de violences réciproques portait un réel préjudice à chacune des deux villes, le Pape Clément VII résolut d'intervenir pour faire terminer ce différend à l'amiable. Par une Bulle datée d'Avignon, le 10 Septembre 1380, le Pontife rapelle aux Marseillais qu'il leur a déjà écrit une fois pour les inviter à lui envoyer des délégués afin de traiter avec eux des différends existant entre leur Ville et celle d'Arles, qu'ils le lui ont promis et qu'ils veuillent bien s'acquitter au plus tôt de leur promesse. Dans une deuxième Bulle, datée du 1er Novembre de la même année, il leur enjoint formellement d'avoir à terminer dans le plus bref délai ces difficultés qui n'ont que trop longtemps duré (1).

C'est ce que firent les deux villes qui elles-mêmes avaient intérêt à en finir au plus tôt et, dans ses séances du 23 Avril et 6 Mai 1381 (2), le Conseil Général de la ville délibéra de nommer deux délégués Gilles Boniface et François Mensure, pour conclure à l'amiable, une transaction avec ceux de la ville d'Arles, qui avait déjà désigné les siens, Pierre Isnard et Raymond Gameron. Ces délégués se réunirent en effet à Salon, mais certaines circonstances vinrent entraver les négociations, et ils finirent par se séparer sans avoir rien décidé. Seulement, il fut convenu de part et d'autre qu'ils se rendraient auprès du Grand Sénéchal de Provence, Foulque d'Agout, et que celui-ci voudrait bien s'interposer pour trancher le différend. Il s'agissait d'obtenir de lui une déclaration établissant le droit que chaque

---

(1) Arch. Communales, série A. A., liasse 27. — La Bulle du 10 Septembre (VII idus Septembris) est de la deuxième année du pontificat de Clément VII, et celle du 1er novembre (Kalendis Novembris) est de la troisième année du pontificat. C'est pourtant toujours l'année 1380, car ce souverain Pontife avait été sacré à Avignon le 18 Septembre 1378.

(2) Série A. A., liasse 27.

ville pouvait avoir à l'exercice des représailles. La question fut ainsi posée et le Sénéchal formula à la date du 11 Décembre 1381, une sentence ainsi conçue :

1° A l'instance des Marseillais, des lettres de marque peuvent être délivrées par eux contre les Arlésiens, en se conformant toutefois aux Statuts et Chapitres de Paix, conclus entre les prédécesseurs de notre Reine et eux-mêmes *secundum quod de jure vel consuetudine fuerit faciendum, juxta tenorem et seriem capituli pacis inhite inter predecessores domine nostre Regine et Massilienses predictos.*

2° Il veut que les Arlésiens ne jouissent pas de ce même droit, d'après leurs Statuts *quod ad requisicionem Arelatensium non possunt contra Massilienses taxari marchamenta seu gajerie, juxta ipsorum Arelatensium privilegia et Statuta.*

3° Qu'ils puissent en jouir *juxta juris dispositionem et secundum quod fuerit de jure conservandum.*

En d'autres termes, le Sénéchal établissait que les représailles étaient de *droit commun* et que, malgré le silence de ses Statuts sur ce point, la Ville d'Arles pouvait en avoir la jouissance aussi bien que celle de Marseille.

On comprend facilement l'effet que produisit à Marseille cette singulière déclaration. Ce fut un courroux général et une indignation qui fut partagée par l'Administration de la Ville et tous les citoyens marseillais.

Il fut en conséquence décidé par le Conseil et les syndics qu'on ne pouvait rester sous le coup d'une pareille mesure qui venait porter atteinte à la jouissance d'un privilège qui, depuis la signature des Chapitres de Paix, n'avait en aucune circonstance, été contesté aux Marseillais. Aussi voyons-nous 6 jours après, le 17 Décembre 1381, le Conseil Général déléguer le syndic Guillaume Elie, pour protester devant l'autorité judiciaire contre la sentence du Sénéchal, déclarer que la Ville la repousse comme préjuciable à tous ses intérêts, et faire valoir toutes les raisons et tous les arguments qui pourront corroborer son affirmation. Le Syndic, admis à l'audience de Léonard de Scalis, professeur de droit civil, maître rational de la Cour Royale et Juge des secondes appellations, assisté de Jean Spinas, procureur royal et avocat du fisc dans les Comtés de Provence et Forcalquier, d'Antoine Botaric et de Geoffroi Gagnon, licenciés en droit, donne d'abord lecture de la déclaration de Foulque d'Agout telle que nous venons de la transcrire, en ajoutant qu'il n'a rien à opposer aux deux premiers points de la dite déclaration, mais qu'il n'en est pas de même pour le troisième qu'il va tacher de combattre en prouvant qu'il est contraire aux Statuts et aux Chapitres de Paix de la ville.

En droit, dit-il, et selon la manière de voir de beaucoup de docteurs, les marques et représailles ou gageries sont complètement interdites lorsqu'on peut avoir en haut lieu un recours contre le particulier ou la nation qui refuse de rendre la justice,- *represalie seu marche, vel gajarie sunt omnino prohibite cum contra illum qui justiciam denegat potest ad superiorum habere recursus.*

En effet, disent les docteurs, quand l'Empire Romain était dans toute sa puissance, les représailles n'existaient pas, les étrangers ayant toujours un recours envers le monarque ; mais à l'époque de la décadence du dit Empire, au moment ou celui-ci ne reconnaissait plus aucune autorité chez les rois, les princes et les communes, les représailles prirent naissance. Comme les deux villes d'Arles et de Marseille sont sous la dépendance du pouvoir Comtal, et qu'on peut toujours avoir recours à celui-ci pour obtenir justice, il est hors de doute qu'il ne doit point exister de représailles entre ces deux villes *en vertu du droit commun.* Et, si l'on objecte pourquoi les Marseillais peuvent en jouir, on répondra que c'est en vertu d'un droit particulier - *ex jure singulari* - et de conventions spéciales qui peuvent s'écarter du droit commun, surtout quand ces conventions ont été conclues avec ceux qui avaient pouvoir de faire les lois. Et lorsque la Reine (1) ou son Sénéchal nomment un Viguier et des officiers assermentés chargés de rendre la justice en leur nom, lorsqu'on peut obtenir du souverain qu'il fasse donner satisfaction par ses officiers, il est incontestable que les Arlésiens ne doivent pas jouir du droit de marque.

Et toujours d'après les juriconsultes, la concession de ce droit étant une sorte de déclaration de guerre - *nam cum marche laxatio sit quedam belli indictio ut dicunt doctores* - le Souverain seul doit jouir de ce privilège - *tale bellum indici non potest, nisi per illum qui habet supremam protestatem.* De plus, la Reine même ou son Sénéchal, ne pourraient pas accorder la marque aux Arlésiens, car la concession ne pouvant être faite que par suite d'un refus de rendre la justice, comment admettre que la Reine, par la faute de ses officiers à Marseille ou par la sienne propre, puisqu'elle les a nommés, pourrait faire une pareille concession aux Arlésiens contre les Marseillais ? Ceux-là ne doivent donc pas jouir du droit de marque *ex jure communi* contrairement à ce que dit la déclaration du Sénéchal

---

(1) Marie de Blois, mère et tutrice de Louis II.

De plus, d'après les Chapitres de Paix, cette déclaration est encore nulle et de nul effet, puisque le Comte s'engage à défendre les Marseillais et à les protéger contre leurs ennemis en toutes circonstances. Où serait cette protection, s'il accordait à un tiers le droit de représailles contre eux, et si par suite de cette concession illégale ceux-ci devenaient victimes d'une guerre, ce qui serait plus qu'illicite, contraire au serment prêté par la Reine, contraire à toutes les lois divines et humaines, qui portent que l'âme qui a péché mourra, et à celle que le fils ne supportera pas les conséquences de l'iniquité de son père, ni le père celle de son fils.

Et que personne ne vienne nous dire que pareille guerre serait juste dans le cas, inadmissible d'ailleurs, où les Marseillais révoltés empêcheraient les officiers royaux de rendre la justice, une telle hypothèse doit être rejetée comme irréalisable.

La déclaration est encore contraire aux privilèges de Marseille, en ce sens qu'accorder la marque contre cette ville et ses habitants, c'est rendre ces derniers solidaires les uns des autres, alors que le 13me Chapitre de Paix dit que nul Marseillais ne pourra être puni pour le déli d'un autre et que la punition ne pourra atteindre que l'auteur du délit. En outre le 31e Chapitre parle des représailles *active sed non passive*. Il n'y a, en effet, aucun exemple, depuis 130 années, d'une concession du droit de marque à aucune ville de Provence contre Marseille ; et si cela était, la Reine contreviendrait au dit Chapitre par lequel le Comte s'engage à n'imposer aucune nouvelle charge aux Marseillais, et au chapitre 31 qui contient l'engagement du Comte à n'accorder aucune aide, secours, protection ni sauf-conduit à l'étranger qui aura offensé ou molesté un Marseillais, et au Chapitre 35, en vertu duquel le Comte ne pourra dans aucun cas et pour aucun motif demander des ôtages aux Marseillais.

Les Chapitres 1 et 41 mentionnent le serment fait par le Comte pour lui et ses successeurs, de faire respecter tous les privilèges contenus dans les Chapitres de Paix. La troisième convention de l'année 1262 (1), conclue par Charles d'Anjou et son épouse Béatrix avec les Marseillais, confirme toutes les libertés contenues dans la seconde, et stipule que, dans le cas où quelques articles seraient obscurs, on nommerait deux arbitres pour en éclaircir le sens.

---

(1) La première convention est à la date du 27 Juillet 1252, la deuxième (Chap. de Paix) à celle du 2 Juin 1257, et la 3e en 1262, le lundi après l'octave de Saint-Martin.

La déclaration est encore inacceptable, car elle vient contredire les accords particuliers convenus entre les délégués de Marseille et d'Arles. En effet, ceux-ci avaient ainsi posé la question au Sénéchal, choisi comme arbitre et juge suprême : La ville d'Arles a-t-elle *en vertu de ses Statuts et privilèges*, le pouvoir d'exercer des représailles à l'encontre des Marseillais ? Le Sénéchal, en invoquant le droit commun, a donné à la question une extension qu'elle ne comportait pas, tout en la dénaturant — *non potuit seu debuit ultra et aliter cognoscere quam eidem fuerit attrib ita potestas.* Elle est également nulle, car les délégués marseillais avaient pour mandat de ne traiter qu'à la seule condition de ne déroger en rien aux dispositions des Statuts et des Chapitres de Paix, et la déclaration du Sénéchal aboutit à un résultat tout contraire.

Comme conclusion de tout ce qui précède, le syndic déclare, au nom de la Ville de Marseille, qu'il lui est impossible d'accepter la sentence du Grand Sénéchal, attendu qu'il la considère comme *nullam et invalidam ac erroneam, iniquam et injustam*, que les Marseillais en sont lésés et offensés, et que la ville en appellera à la sagesse et à l'autorité de la Reine.

On voit par l'exposé que nous venons de faire de la plaidoirie du syndic Guillaume Elie que les Marseillais trouvaient d'excellents avocats munis de solides arguments lorsqu'il s'agissait de défendre et de sauvegarder leurs privilèges. Ils eurent gain de cause devant la Reine Marie, et ce qui le prouve, c'est que cette souveraine révoqua le droit de marque accordé à la ville d'Arles, le 10 Décembre 1385, contre tout étranger qui commettrait un acte contraire aux libertés et privilèges des Arlésiens. Elle adressa aux Sénéchaux des Comtés de Provence et de Forcalquier, et aux officiers d'Arles, le 16 février 1386, des lettres-patentes par lesquelles elle les informait qu'ayant récemment accordé le droit de représailles aux Arlésiens, Guillaume de Saint-Gilles et Guillaume Vivaud, ambassadeurs de la Ville de Marseille, lui avaient fait observer que cette concession était contraire à leurs Chapitres de Paix qu'elle avait juré elle-même d'observer. Or, comme elle ne voulait pas violer son serment et que la concession de la marque contre les Marseillais aboutirait à ce résultat, elle entendait formellement que ceux-ci fussent complètement à l'abri des atteintes de ce droit (1).

Le fait dont nous allons nous occuper, quoique ne se rattachant pas directement au sujet que nous traitons dans cette étude, nous paraît cependant avoir une certaine importance, en raison d'une déclaration de la Reine Marie qui nous montre qu'elle s'était constituée, en toutes circonstances, la protectrice des Marseillais.

(1) Archives Communales. Livre noir, f° 24.

Par lettres-patentes du 21 Août 1387, données à Villeneuve-lès-Avignon, la Reine avait accordé aux Marseillais la franchise des péages et de tous autres impôts à Arles, Tarascon, sur le Rhône et dans tous les autres lieux du Comté de Provence. Il parait que les Arlésiens n'observèrent pas régulièrement les prescriptions contenues dans les lettres royales, car le 20 Avril 1391, le Conseil Général de Marseille nomma deux délégués, Jacques Atulphe et Jacques Jaucème, munis de pleins pouvoirs pour terminer les contestations existant entre Marseille et Arles, et dans sa séance du 20 Mai, leur adjoignit le Viguier, Nicolas Michel, pour les aider dans leur mission. Ils devaient se rendre à Avignon et obtenir de la Reine qu'elle mît fin à ces contestations. Celle-ci s'empressa d'accueillir leur demande, mais à la condition d'entendre également les délégués de la Ville d'Arles qu'elle allait d'ailleurs convoquer à cet effet, et leur fixer un jour pour se trouver devant elle avec les délégués marseillais, afin de pouvoir discuter la question contradictoirement. Il fut convenu que le jour de la réunion serait le 20 Janvier 1392. Les représentants Marseillais Jacques Atulphe et Guillaume Vivaud se rendirent à Avignon à la date fixée, mais il n'en fut pas de même pour ceux d'Arles qui, quoique régulièrement convoqués, s'abstinrent d'y paraître, ce qui occasionna une protestation énergique de la part des deux députés marseillais (1).

C'est à la suite de cet incident que la Reine Marie, ayant décidément résolu de faire cesser d'une façon définitive toutes les questions qui pourraient amener des conflits et des difficultés avec les Marseillais, adressa à la date du 25 Avril 1392, aux Sénéchaux et aux officiers royaux des Comtés de Provence et de Forcalquier des lettres-patentes pour les informer qu'elle a autorisé les Marseillais à se défendre par les armes contre toutes attaques, et qu'elle interdit à tous ses autres sujets de les molester en les soumettant à des enquêtes, poursuites en justice, arrestations ou détentions quelconques — *inquirendo, citando, arrestando, detinendo aut alias quoquomodo* (2).

Il paraîtrait que la Reine Marie, après les injonctions qu'elle venait de faire à tous ses sujets de ne jamais et, dans aucun cas, inquiéter ou molester les Marseillais, se décida pourtant à accorder le droit de représailles à certaines villes de Provence, en tant que ce droit n'atteindrait pas les dispositions des Chapitres de Paix de Marseille. Son fils, Louis II, alla plus loin : par lettres-patentes du 27 Août 1399 adressées aux officiers des dites villes, il déclara qu'il révoquait purement et simplement les concessions

(1) Archives Communales. Chartes de la Série A A.
(2) Archives Communales. Série E E, ch. 31.

du droit de marque qui leur avaient été octroyées par la Reine sa mère, en se basant sur cette considération que très souvent on ne calcule pas l'importance d'un fait que l'on accomplit. Ce n'est qu'après mûre réflection, qu'on arrive à comprendre qu'il faut revenir sur ce fait et empêcher des effets fâcheux de se produire : *que facti qualitate non cognita , plerunque conceduntur habita de his pleniori noticia, consultius revocantur* (1).

Nous avons déjà vu par les faits exposés dans le cours de cette étude, que si le droit de marque offrait le plus souvent des avantages considérables à la Ville de Marseille, il présentait aussi des inconvénients et quelquefois des dangers, surtout au point de vue commercial et des relations d'affaires qui cessaient complètement avec les villes, les communes ou les nations étrangères contre lequel il était décerné. Il y avait, de plus, des cas où l'exercice de ce droit occasionnait aux Marseillais de réels préjudices, car, il faut considérer que si Marseille était, en vertu de ses privilèges, à l'abri de toute contremarque de la part des villes ou des provinces soumises au pouvoir Comtal, il n'en était pas de même lorsqu'il s'agissait des villes ou des nations étrangères. Or, comme dans ce cas, le système de réciprocité ne profitait ni à l'une, ni à l'autre des parties intéressées, il n'était pas rare de le voir se transformer en une transaction à l'amiable ou à une suspension de représailles pendant un temps déterminé. Le fait suivant va nous en donner un exemple ; il s'agit cette fois des Vénitiens :

Dans sa séance du 16 Février 1414, le Conseil Général de la ville prend connaissance d'une lettre de Thomas Moncenigo, doge de Venise, qui débute ainsi : *Thomacius Moncenigo etc.. amicis dilectis salutem et sincere dilectionis affectum...*

« A la suite de la prise d'un navire vénitien, saisi avec toutes « ses marchandises et appartenant à noble Louis Storlado, de « Venise, par une barque montée par des sujets marseillais, nous « vous avons envoyé des ambassadeurs chargés de vous en « demander la restitution. Vous, d'après les ordres et les conseils « royaux — *Jussu et hortacionibus regiis,* — nous avez prié de « vous adresser un mémoire écrit, donnant la cargaison exacte et « détaillée du navire, et appréciant à leur juste valeur les domma- « ges causés au propriétaire du dit navire, pour que vous puissiez « nous en donner satisfaction. Désirant nous conformer à vos « désirs, nous vous adressons avec cette lettre, l'état demandé, « dressé par nos officiers, pour qu'après en avoir vérifié l'exacti- « tude, vous fassiez restitution de notre navire ; ce que nous espé- « rons obtenir de votre bienveillante humanité » (2).

(1) Archives Communales. Livre noir f° 21.

(2) Archives Communales. Série E E, ch. 41.

Il est certain que les Marseillais, malgré leur promesse d'opérer la restitution demandée du navire saisi, ne donnèrent aucune satisfaction à la partie lésée, puisque les Vénitiens se virent dans la nécessité d'user contre eux du système de représailles ; mais ils en eurent bientôt du regret, car ils saisirent *avec empressement* l'occasion de les suspendre au mois de Juillet de la même année 1414, sur la demande de l'Administration marseillaise. En effet celle-ci reçut une lettre de Thomas Moncenigo, datée du 22 Juillet 1414 ; conçue dans les termes suivants « Thomas Moncenigo etc... « A l'instance et sur les prières du magnifique Viguier et du « vénérable conseil général de la Ville de Marseille. Nous, « tenant compte de l'amitié et de la bienveillance mutuelle qui « nous anime de part et d'autre, considérant que les marchands « marseillais trafiquent de préférence par mer et que, par crainte « des représailles que nous avons décernées contre eux et leurs « biens, ils s'abstiennent de venir dans notre ville de Venise « et dans les autres terres et localités qui sont sous notre « juridiction et dépendance : Nous suspendons, à dater d'aujour- « d'hui les dites représailles et leurs effets, Nous voulons, décidons « et décrétons qu'elles soient suspendues pendant la durée de « deux années qui expireront au 20 du mois d'Avril de l'année 1416. « Pendant ce temps, le sauf-conduit juré par le Viguier et le « Conseil de la Ville de Marseille sera, nous l'espérons, accordé à « nos fidèles sujets les Vénitiens qui iront dans votre Ville avec « leurs navires, leurs marchandises et leurs biens de n'importe « quelle nature » *cum navigiis et mercanciis et quibuslibet rebus et bonis suis.* Les Marseillais souscrirent sans difficulté à ces dernières conditions, et nous avons lieu de croire que cette suspension de représailles pour deux ans aboutit à une révocation complète, car à partir de la date de l'acte décrétant la suspension, nous ne trouvons plus aucune trace de conflit entre ceux-ci et les Vénitiens.

L'année suivante, nous sommes en présence d'un démêlé entre les Marseillais et les Florentins. Un navire appartenant à Jean Vincent et à d'autres marchands marseillais, monté par des Florentins, avait été capturé par des Génois à cause de la négligence des Florentins, et on alla même jusqu'à soupçonner ceux-ci de complicité avec les Génois. A la suite de cet événement, Jean Vincent avait obtenu l'autorisation d'exercer des représailles qui arrivèrent au résultat qu'il voulait obtenir, car, à la date du 28 Janvier 1415, Louis II, adressa au Viguier les lettres suivantes : « Louis par la grâce de Dieu etc... à notre Viguier de Marseille ; « Aux termes des Statuts des Chapitres de Paix et des libertés de « notre ville de Marseille, le droit de marque peut-être concédé à

« ses habitants contre les étrangers qui les ont offensés, et être « exercé sur les biens qu'ils possèdent dans Marseille et son territoire « et le Viguier et ses successeurs sont tenus d'observer cette conces- « sion. Le Souverain cite alors le fait de la capture du navire de Jean Vincent par les Florentins, et ajoute qu'il avait concédé à celui-ci le droit de représailles contre les dits Florentins après les sommations et les réquisitions d'usage. « Plus tard, dit-il, nous lui « avons adressé des lettres l'invitant à suspendre ces représailles « et à poursuivre l'affaire devant les tribunaux florentins disposés, « parait-il, à lui rendre pleine et entière justice. Mais, aujourd'hui, « sur la supplique de Jean Vincent et, par respect pour les « privilèges marseillais, nous annulons ces lettres de suspension « concédées plutôt par inattention qu'autrement — *potius inadver-* « *tencia quam aliter concessas.*

« Et, pour qu'en pareille matière on ne puisse plus soulever la « question de savoir si le droit a été justement ou injustement « concédé, vous aurez, vous, Viguier, à vous faire représenter les « pièces de cette affaire, à les examiner avec les Présidents de « notre Parlement de Provence. Et si, après avoir étudié sérieu- « sement la question, il est reconnu que ce droit a été décerné « après mûre réflexion et sur des motifs qui l'ont rendu nécessaire, « il faudra le faire publier par les crieurs publics au son de la « trompette, pour que les Florentins ne prétextent pas l'ignorance ; « en laisssant toutefois un laps de temps de quatre mois, à compter « du jour de la dite proclamation, pendant lequel il vous est « interdit formellement de faire aucun acte de nature à compro- « mettre l'engagement pris par vous (1).

A l'expiration de ce délai, les représailles suivirent leur cours et quelque temps après, toujours à propos du même différend, les discussions continuèrent au sujet du plus ou moins bien fondé de l'acte de concession des dites représailles. Le Viguier de Marseille, désirant alors trancher la question, résolut de la soumettre aux Présidents du Parlement ; sa déclaration commence par citer le fait que nous connaissons, à la suite duquel le droit de représailles avait été octroyé à Jean Vincent ; il ajoute ensuite que, d'après le rapport qui leur a été adressé, les Florentins prétendaient que rien n'était dû par eux ; que d'ailleurs la cause devait être portée devant les tribunaux de Florence, et que ceux-ci avaient promis de rendre justice et au besoin de donner satisfaction aux Marseillais. Ces derniers soutenaient énergiquement que la dette existait et était prouvée, que les réquisitions et sommations par lettres avaient été faites en bonne et due forme, que les réponses et les

(1) Série F F, chap. 66.

protestations des officiers de Florence constituaient un déni de justice incontestable, et que, par suite de ce refus d'obtenir satisfaction, le droit de marque avait été justement et légitimement delivré contre les Florentins. Les Présidents du Parlement après un mûr et sérieux examen de la cause et après s'être inspiré des dispositions des Statuts et des Chapitres de Paix, déclarent que le Viguier actuel Jean de Charnacé, doit considérer ce droit de marque comme concédé justement et d'après les formes voulues par son prédécesseur, Mathieu de Laval, nonobstant les oppositions faites par la partie adverse, et qu'il doit sortir son plein et entier effet. — *Debet illud laudum habere ut rite et recte concessum, latum et lexatum, per illum precessorem suum, non obstantibus in adversum oppositis exceptatis, illudque laudum debere suum sortiri effectum.* Les Présidents qui ont signé l'acte sont : Jean de Sade, Jean de Genovardis, Louis Guiran, Jourdan Brice et Jean Raynaud. L'acte porte la date du 13 Octobre 1416 (1).

En même temps que le conflit dont nous venons de nous occuper suivait son cours et recevait sa solution, des navigateurs marseillais avaient capturé un navire appartenant à Gilles Gueidon, capitaine de la ville de Monaco. Celui-ci justement irrité, adressa une plainte en règle à la Cour Royale de Marseille pour obtenir justice et réparation du dommage éprouvé par lui à la suite de la prise de son navire ; ajoutant que si cette satisfaction lui était refusée, il ne répondait pas des violences qu'il pourrait exercer lui-même contre des navigateurs marseillais. Informé de ce fait qui pouvait avoir des conséquenses fâcheuses pour ses sujets de Marseille, le Roi Louis II adressa des lettres-patentes en date du 30 Février 1415 au Viguier, lui enjoignant de prendre les mesures nécessaires pour réparer le dommage causé au dit Gilles Gueidon, afin de ne pas mettre celui-ci dans l'obligation de se faire justice lui-même (2).

Dans le courant de la même année, à l'occasion d'une créance qu'il avait sur un sujet de son consulat, s'élevant à 112 florins d'or, et dont il n'avait jamais pu obtenir le remboursement, Jean Lambertin, consul des Provençaux à Calvi (Corse), avait obtenu du pouvoir Comtal le droit d'exercer des représailles sur les compatriotes du débiteur qui habitaient à Calvi. Mais il eut bientôt un vif regret d'avoir recouru à une mesure aussi rigoureuse, car par un acte en bonne et due forme passé par devant notaire le 8 Octobre 1415, le Consul déclara formellement qu'il renonçait à user de son droit ; cette renonciation lui étant inspirée, dit l'acte,

---

(1) Archives Communales. Livre noir, f° 22.
(2) » » Série E E, ch. 43.

par cette considération que les Provençaux avaient rompu toutes relations commerciales avec la Ville de Caivi, craignant de tomber sous le coup de représailles à lui accordées (1).

De Corse nous revenons en Provence. Il s'agit cette fois d'une transaction entre les Villes de Marseille et de Toulon conclue à la suite et comme conséquence des faits suivants :

A une certaine époque, des lettres de marque et de représailles avaient été accordées, sur leur requête, à divers citoyens marseillais contre les habitants de Toulon et leurs biens avec les formalités voulues et en exécution des libertés de Marseille, conformément aux dispositions de ses Statuts et de ses Chapitres de Paix. Parmi ces concessions, il en existait une obtenue sur les instances de noble Charles Atulphe et de Pierre Biard, boucher de Marseille, à l'occasion de la capture par des Toulonnais de divers troupeaux de moutons et de chèvres ; cette concession leur avait été octroyée, à la date du 2 Septembre 1387. Il s'était élevé des contestations, au sujet de ce droit de représailles, qui degénérèrent en débats sérieux et en altercations entre la commune et les citoyens de Toulon, d'une part, et les citoyens de Marseille, d'autre part, qui avaient, disaient-ils, le droit d'exercer les dites marques et représailles, toutes les fois que leurs libertés écrites avaient reçu une atteinte de la part d'une autre ville ; ce qui était le cas de celle de Toulon. Les Toulonnais prétendaient, au contraire, que certains Marseillais, à qui ce droit avait été concédé, avaient reçu entière satisfaction, mais que, dans d'autres circonstances, ces représailles avaient été injustement décernées contre eux, pour des causes et des motifs qu'ils feraient valoir efficacement en leur temps et lieu. A quoi, les Marseillais répondaient en déclarant que le droit d'exercer ces représailles ne pouvait leur être dénié ni contesté, qu'elles avaient d'ailleurs été concédées et délivrées justement et en pleine connaissance de cause et conformément aux formalités et aux dispositions contenues dans les Statuts et les libertés écrites de la ville de Marseille ; ainsi qu'il résulte des actes qui ont été produits et dans lesquels ce qu'ils avancent est prouvé jusqu'à l'évidence. Seulement, ils ajoutaient, que s'il était reconnu que certains de leurs compatriotes avaient reçu satisfaction, ils s'inclineraient de bonne grâce devant le droit et la raison.

Pour en finir avec tous ces débats, qui ne faisaient qu'aigrir la question, la ville de Marseille, représentée par Jacques Martin et Gabriel Vassal, et celle de Toulon par Jacques Ricard et Jean de la Mer, se présentèrent devant Guillaume de Forcalquier, Seigneur

(1) Série E E, ch. 40.

de Venelles, viguier de Marseille, munis de l'assentiment et du consentement de Guillaume de Favas et d'Antoine Colle, héritiers, l'un de feu Charles Atulphe et l'autre de Pierre Biard ; ils conclurent le 23 Janvier 1417, la transaction suivante :

1° La Communauté de Toulon payera à Guillaume de Favas et à Antoine Colle, la somme de 225 florins d'or, en deux échéances, pour le fait principal et les frais et dépens.

2° La barque de Jean de Thoron, de Toulon, saisie par les dits Favas et Colle, lui sera restituée, avec toutes les marchandises, à l'exception de 75 jarres en terre prises et déjà rendues, par ordre de la Cour Royale.

3° Comme le dit Viguier a fait publier à diverses reprises que les personnes ayant en leur faveur des lettres de marque contre ceux de Toulon seraient tenues de les représenter par devers lui sous peine d'être déchues de leur droit, et que *seuls* Guillaume de Favas et Antoine Colle ont comparu pour ce fait, la Ville de Toulon peut se considérer en toute sécurité pour l'avenir.

4° Jacques Ricard et Jean de la Mer seront tenus de faire approuver, ratifier et confirmer toutes les clauses de la présente transaction par le Conseil Général de la Ville de Toulon. »

Suit la quittance des 225 florins d'or (1).

Au commencement de l'année 1420, la Reine Yolande, mère et tutrice de Louis III, reçut une supplique de divers habitants de Marseille lui exposant les faits suivants, et la priant de tenir compte de leur gravité, et d'accueillir favorablement la demande qu'ils prenaient la liberté de lui adresser : « Depuis une époque « assez éloignée, disaient-ils, à la suite d'une foule de dommages, « d'injures et de violences de toute nature éprouvés par des « citoyens marseillais de la part de gens appartenant à des nations « étrangères, autant sur leurs personnes que sur leurs biens, « ils obtinrent contre les offenseurs, le droit de marque, de re- « présailles et de gageries, conformément aux dispositions des « Statuts, Chapitres de Paix et autres libertés et franchises de « leur Ville, mais seulement dans la Ville de Marseille et son « territoire. » De telle sorte, que, les étrangers qui se trouvaient sous le coup de cette mesure et en redoutaient les effets, s'ils venaient à Marseille pour y trafiquer, ou même pour tout autre motif, se gardaient bien de s'y rendre; ils allaient de préférence dans d'autres villes de la Provence avec leurs navires, leurs marchandises et leurs biens, ce qui mettait les Marseillais dans l'impossibilité de se faire justice par eux-mêmes. Les suppliants

(1) Archives Communales de Toulon. Série FF.

ajoutaient qu'en raison du préjudice éprouvé par les Marseillais dans de pareilles conditions, ils faisaient appel à la justice de la Reine pour qu'elle voulut bien, tout en leur maintenant le droit de marque dans leur Ville et son territoire, tel qu'il a toujours fonctionné, leur octroyer également de pouvoir exercer ce droit sur les mers et les ports étrangers à la Provence, et même dans cette province ; avec permission au besoin d'exercer ces marques et représailles à main armée, autant contre leurs compatriotes, que contre les étrangers, afin que les libertés, Statuts et Chapitres de Paix soient et restent toujours immuables dans leurs effets et leurs rigueurs ; ils demandaient, en outre, que les marseillais eussent la faculté, soit seuls, soit comme faisant partie d'un groupe, de réclamer à l'avenir la concession du droit de marque dans les conditions qu'ils venaient d'exposer à la Reine, si elle daignait, dans sa haute justice, accueillir favorablement leur supplique.

Les Marseillais arrivèrent au résultat demandé, car le 10 Juillet de l'année 1420, la Reine Yolande, par lettres-patentes, datées du Monastère de Saint-Victor-lès-Marseille, déclare :

« Qu'ayant pris connaissance de la supplique adressée à elle et « à son fils Louis III par divers Marseillais, elle en a examiné tous « les points avec soin, et qu'après avoir pris l'avis de son conseil « privé, elle déclare et veut en pleine connaissance de cause par « la teneur des présentes, accorder gracieusement à la commune « marseillaise en général, et à chacun de ses habitants en parti- « culier que les marques et représailles, autant celles qui ont été « décernées que celles qui seront décernées à l'avenir, puissent « être exercées en toute liberté dans les mers de Provence, et « qu'elle adhère à toutes les demandes présentées dans la dite « supplique. Pour certaines considérations connues d'elle seule, « elle fixe le délai d'une année à compter de la date des « présentes lettres, avant de les mettre à exécution. Elle entend « également que, lorsque ce délai sera expiré, les Marseillais, « commençant à exercer ce droit dans les conditions déterminées, « n'aient à subir aucun désagrément ; que la Cour Royale n'ait ni « le droit ni le pouvoir de les molester, et qu'aucune poursuite « judiciaire ne puisse être ordonnée contre eux. »

En raison de ces considérations, la Reine mande et ordonne à tous ses officiers, sans exception, présents et futurs, établis dans toutes les localités de la Provence et des terres adjacentes, d'autoriser la Commune marseillaise et tous ses habitants en particulier à mettre à exécution la concession des lettres de marque à eux accordée, d'après les termes et les dispositions des présentes lettres. Et, en outre elle veut qu'en ce qui concerne les Marseillais ayant subi des dommages, ils se mettent en mesure et fassent le nécessaire pour leur faire rendre justice, en exécution des dites lettres qui doivent être mises en vigueur toutes les fois que besoin sera, et rester entre les mains des administrateurs de la Commune Marseillaise.

Données à Saint-Victor, près Marseille, sous notre sceau Royal, le dixième jour du mois de Juillet, XIII° Indication, l'an du Seigneur M°CCCC°XX° (1).

Les Marseillais ayant eu plus tard à entretenir avec le Vicomte de Reillane, Louis de Boliers, certaines relations commerciales et autres dans lesquelles ils lui avaient constamment montré la meilleure volonté et des dispositions bienveillantes, celui-ci leur adressa le 24 Novembre 1431, une lettre par laquelle il leur accordait la franchise des droits de péage et autres sur ses terres, et même, si besoin était, le droit de marque et de représailles dans toutes ses possessions. (2).

Nous avons vu jusqu'ici les représailles existant entre Marseille et les villes ou les nations voisines se terminer soit par une révocation pure et simple consentie de part et d'autre, soit par le remboursement de la somme ou la restitution des objets pris sur les Marseillais quand il s'agissait d'une dette ou d'un vol. Les représailles se terminèrent aussi par des transactions à l'amiable stipulant que les gens de deux villes jouiraient réciproquement, comme auparavant, du droit d'aller et de trafiquer dans l'une et dans l'autre sans crainte d'être ni inquiétés ni molestés dans leurs personnes comme dans leurs biens; ces différends se terminèrent enfin, devant les tribunaux, comme dans le procès intervenu entre Marseille et Arles en 1381, auquel nous avons donné un certain développement à cause de son importance, et dans lequel la vigoureuse et remarquable plaidoirie du syndic Guillaume Elie donna gain de cause à la Ville de Marseille dont il était le représentant.

Nous rencontrons maintenant un nouveau mode de transaction qui consiste à transformer les représailles en droits nouveaux imposés de part et d'autre sur les denrées et marchandises échangées entre les commerçants de deux pays. L'affaire se passe cette fois entre les Marseillais et les Languedociens.

Dans sa séance du 3 Juin 1416, le Conseil Général de la Ville de Marseille réuni, selon l'usage dans la Cour de l'Hôpital du Saint-Esprit, au son de la cloche et à l'appel de la trompette, prit à la

(1) Archives Communales. Série EE, ch. 44.
(2) Archives Communales. Série AA, Liasse n° 5.

réquisition de Louis d'Agout, viguier de Marseille une délibération votée à l'unanimité des membres présents, et même sans discussion aucune, en vertu de laquelle on nomma des procureurs ou délégués réunissant toutes les conditions requises pour terminer les représailles existant avec le Languedoc. Le choix du Conseil se porta sur Jacques Cassini, Jacques Boniface et Foulque de l'Arbre.

Leur mandat consistait à trouver un moyen de transaction pour faire cesser ces représailles, marques et gageries qui divisaient les Marseillais et les Languedociens, et qui en somme ne rapportaient que des désagréments et des ennuis aux uns comme aux autres ; ils devaient faire valoir en faveur de la justesse de ces considérations l'avantage qui en résulterait pour Marseille ; et, si besoin était, arriver à établir de nouvelles impositions sur les marchandises qui, à l'avenir, transiteraient d'un pays à l'autre ; car il fallait quand même aboutir par une solution quelconque à transiger, pacifier et conclure un accord pour faire cesser ce système de violences. Le Conseil déclare, d'ailleurs, qu'il se repose absolument sur la sagesse et la prudence de ses délégués et procureurs pour transiger et présenter les conclusions qu'ils estimeront utiles, opportunes et avantageuses à leur Ville ; et que, s'il leur fallait un mandat plus spécial dans certains cas qui pourraient se rencontrer, le conseil le leur accorderait sans difficulté. En conséquence de tout ce qui précède, les délégués et procureurs sont investis d'un pouvoir complet et d'une liberté pleine et entière, et sans avoir à payer aucun frais. Le Conseil déclare ensuite au notaire-secrétaire de consigner fidèlement cette déclaration dans son procès-verbal, pour que tous ceux qui ont ou auront à en profiter n'aient aucun doute sur sa valeur ; tout ce qui sera dit, fait, transigé et conclu par les dits procureurs est dès maintenant considéré comme ratifié, confirmé, approuvé sans restriction ; et leurs conclusions seront inviolablement observées. Sous la réserve toutefois qu'en vertu des pouvoirs qu'on vient de leur conférer, ils ne puissent jamais, soit ensemble ou séparément, à moins d'une autorisation spéciale du Conseil, soumettre ou engager les biens et les droits de la Ville et de ses habitants, ni offrir n'importe qu'elle somme d'argent, si ce n'est pour les nouvelles impositions que l'on aura établies sur les marchandises venant du Languedoc en Provence et dans Marseille, par mer, par rivière et par terre, et *vice versa* sur celles qui arriveront de Provence en Languedoc dans les mêmes conditions.

Les Conseillers présents à la séance étaient Antoine de la Cépède, syndic, Jacques Vivaud, jurisconsulte, Guillaume du Temple, Jacques Marquesi, Raymond Blancard, Raymond de Monteils,

Julien de Remesan, Bertrand Candolle, Jean Fontaine, Amiel Boniface, Bertrand Aymar, Antoine Forbin, Pierre Sauve, Pierre Descalis, Bernard de Bouc, Jean Noguier, Etienne Jauceme, Jean Jauceme, Jean Giraud, Pierre Bertrand et Mathieu Vivaud.

Quelques années plus tard, en 1463, des commerçants marseillais dont les navires traversaient la rivière de Gênes avaient eu à se plaindre à diverses reprises, non seulement du mauvais accueil que leur faisaient les habitants du lieu de Final, lorsque le gros temps les obligeait à chercher un abri et un refuge dans leur port, mais encore d'un fait plus grave consistant dans la capture d'un navire marseillais avec ses marchandises. Immédiatement des lettres de marque furent décernées dans les formes, et après les sommations requises par l'administration de la ville contre les personnes et les biens du dit lieu de Final, aussi bien sur terre que sur mer. Ces représailles suivaient leur cours régulier, lorsque Frédéric, Comte de Vaudemont, Grand Sénéchal et Lieutenant général pour le Roi René dans les Comtés de Provence et de Forqualquier, jugea à propos, de concert avec son lieutenant en la Sénéchaussée, de suspendre l'effet des dites lettres pour le délai d'un an. De là, protestations des Marseillais qui soutenaient que ces lettres de marque et de représailles n'avaient été décernées que sur des motifs justifiés et que, si l'on entrait dans cette voie de suspension, à un moment donné, par la décision d'un pouvoir supérieur, il n'y aurait plus de garanties pour l'avenir. Ils déclarent de plus qu'en agissant ainsi, il en était résulté un préjudice pour eux-mêmes, et une dérogation à leurs Statuts, libertés, privilèges et coutumes, qu'ils ont pourtant la ferme intention de toujours sauvegarder et maintenir dans leurs effets, leur vigueur et leur intégrité.

Le Grand Sénéchal tint compte de la protestation et, par ses lettres-patentes du 23 Novembre 1463, il déclara qu'en prononçant cette suspension de représailles pour un an seulement, il n'avait pas entendu déroger aux dispositions contenues dans leurs privilèges et leurs libertés, et que cette mesure ne saurait avoir de suite et de conséquense pour l'avenir — *trahi ad consequensiam in futurum seu sequelam.* Mais, comme les Marseillais étaient intervenus pour faire ressortir que, cette simple suspension d'une année, leur causait néanmoins un réel préjudice, il voulait et entendait que la ville de Marseille trouva en lui un énergique défenseur de toutes ses libertés, ainsi que le lui dictaient ses sentiments personnels et la nature des fonctions qu'il remplissait. Il sera toujours avec elle en communauté d'idées et il recommandera à ses officiers de Provence d'avoir à entretenir avec elle, toutes les fois que l'occasion s'en présentera, des rapports de la plus grande bienveillance, et surtout le respect et l'observation des dispositions contenues dans leurs privilèges et leurs franchises écrites.

Donné à Aix par noble Jean Letiller, Seigneur de Pierrerue, Maître Rational et conseiller du Roi, l'an CCCC°LX°III et le 23 du mois de Novembre (1).

Le dernier acte que nous avons à signaler et qui est d'une minime importance, c'est une signification adressée par Jean de Vaulx, viguier de Marseille et conseiller du Roi, aux officiers du lieu de Tourves pour leur faire connaitre qu'il reçu une plainte des nobles et honorables consuls de la Ville, lui exposant que, sous l'administration de son prédécesseur, des représailles avaient été décernées contre les habitants et les biens du dit lieu à l'occasion des droits de péage et autres qu'ils avaient perçu indûment sur des Marseillais traversant leur territoire. A l'époque de sa nomination aux fonctions de viguier, ces représailles n'ayant pas encore été mises en vigueur, il est de son devoir de les faire exécuter lui-même ; en vertu de ces considérations, les officiers sont prévenus qu'on va les exercer, sitôt cet acte de signification reçu (2).

---

(1) Archives Communales, Série EE, Chartes 48.

(2) Archives Communales, Série EE, Chartes 51.

PIÈCES JUSTIFICATIVES

Diplôme des vicomtes Roncelin et Guiraud-Adhémar

(VII Id. Novembris 1212)

In nomine Domini, Anno incarnationis ejusdem millesimo ducentesimo duodecimo, septimo Idus Novembris, Indictione XV^{a}. Ex hujus publici scripti serie sciant singuli, cognoscant universi quod nos Roncelinus et Guiraldus-Ademarii, Dei gracia, vicecomites et domini Massilie, per nos et per omnes successores nostros donamus et concedimus in perpetuum hoc privelegium toti universitati Massilie, et expresse atque nominatim vobis Guillelmo Vivaldo juniori et Petro de Santo Jacobo et tibi, Januario publico Massilie notario, presentibus et recipientibus pro tota universitate Massilie videlicet, quod si forte aliqua discordia oriretur inter civitatem Massilie et aliam quamlibet terram, vel dominos sive homines vel consules vel rectores alicujus tituli alteri et domini vel consules vel rectores ipsius terre aliquam fecerint injuriam seu dampnum vel rapinam hominibus Massilie rebus vel personis vel quocumque modo dampnificarent homines Massilie, Nos vel bajuli nostri, exposita inde vel bajulis nostris querimonia, confestim et sine aliqua dilacione cum sumptibus tam communi Massilie mandabimus per nuncium nostrum vel per literas nostras dominis vel hominibus vel consulibus vel rectoribus ipsius terre undè esset ille a quo facta est injuria, sive offensa, sive dampnum ut ipsam injuriam vel rapinam vel dampnificacionem restituant et emendent. Et hoc, non dimittimus nec prolongabimus amore vel hodio vel alia aliqua de causa.

Si ipsi domini, homines vel consules vel rectores ipsius terre injuriam illam seu dampnum vel rapinam vel dampnificacionem restituere noluerunt vel emendare, ex quo inde *semel aut bis moniti* erunt vel requisiti, deinde mandabimus eis et prohibebimus ne deinceps Massiliam veniant usquequo injuriam, seu dampnum, seu rapinam vel dampnificacionem restituerunt et emendaverunt. Et si quis vel si qui de terra illa unde esset qui injuriam fecerunt seu dampnum vel malefactum tunc in Massilia fuerint, Nos precipiemus eos indè exire *cum rebus suis*. Item, si forte aliquis vel aliqui de terra illa unde esset ille vel illi qui injuriam fecerunt seu malefactum, tunc temporis in nostra fuerint salvataria seu guidagio, Nos ipsum vel ipsos de nostra salvataria seu guidagio ejiciemus statim usquequo ad satisfactionem et emendacionem venerint de illa injuria, seu dampno vel rapina, illi vel illius quibus facta esset offensio sive dampnum et ex quo ejecti fuerunt. De ista salvataria seu guidagio nolumus nec volumus quod possit eis prodesse vel eos juvare in aliquo ; sed, deinceps ille cui facta est injuria vel offensio, vel alii homines Massilie absque aliqua contradictione et absque impedimento aliquo possint se de rebus illius malefactoris vel hominum qui fuerint de terra undè erit ille malefactor *pignorare ubicumque eas invenerint.*

Actum est hoc in ecclesia Sancti Ferrioli, Testes ad hoc vocati et rogati fuerunt : Guillelmus Vivaldus Coïnte ; Johannes Sardi : Guillelmus ; Guillelmus Amelius de Castris ; Simon Berardus. Et, ego, Januarius, publicus Massilie notarius his interfui et mandato dictorum dominorum hanc cartam scripsi. *(Archives Communales, Série AA. Liasse n.* 5.

EXTRAITS DES STATUTS

DE MARSEILLE

Quod civis Massiliensis possit uti contra extraneum in alia jurisdictione eo jure quo ipse extraneus contra civem uteretur in Massilia.

Cum jure et legibus reperiatur quod quisque juris in alterum statuerit , ipse eodem jure utatur , idcirco hac presente lege statuimus quod quicumque voluerit in civitate Massilie uti jure et legibus municipalibus dicte civitatis pro se et in suum auxilium et juvamem, quod ipse paciatur contra se, etiam in alia jurisdictione eodem jure et legibus uti, quod si ille et illi qui erunt de alia jurisdictione vel judices obtinentes alias jurisdictiones nollent admittere cives Massilie, tam in agendo quam deffendendo, uti predicto jure et legibus municipalibus in illa jurisdictione et sub eodem judice quod ille vel illi qui in suum auxilium et juvamen agendo et deffendendo qui sunt vel erunt sub illo judice vel jurisdictione qui vel que nolent admittere cives Massilie in ipsorum auxilium et juvamen. Si, ipsi qui sunt de alia jurisdictione aliena, vellent uti hoc jure et legibus municipalibus civitatis contra cives Massilie nullatenus audiantur, nec dictis civibus Massilie possint dicte leges municipales in aliquo obesse. Exceptantes tamen in hoc et de hoc mercatores extraneos venientes in Massiliam undecumque. Item, quod hinc retro invenimus in alia Statuta fuisse statutum et hoc iterum presenti Statuto repetimus firmiter observandum, videlicet quod illo jure et consuetudine quibus extranea persona, vel locus, vel curia uteretur vel que servarent contra civem vel cives vel commune civitatis vicecomitalis Massilie in in aliena jurisdictione eadem jura et consuetudines observentur contra illas personas extraneas et civitates et loca et curias pro civibus dicte civitatis Massilie, ad eorum civium massiliensium et communis utilitatem, tam in judiciis quam extra judicia, et in curiis Massilie et extra.

Et hec locum habeant in omnibus causis et negociis que de cetero in curiis Massilie, vel extra moverentur, aut que ibi penderent (1).

III

Ne aliquis civis Massilie accipiat aliquo titulo possessionem aliquam sub tali conditione quod alibi respondere teneatur preterquam in curiis communis Massilie.

Statuimus deinceps observandum quod de cetero nulla persona de civitate Massilie vel ejus districtu recipiat titulo venditionis vel acapti, seu alio quocumque modo aliquem honorem seu honores vel possessiones ab aliqua persona privata vel publica, seu ab aliquo loco vel collegio religioso sub tali conditione vel pacto quod de predictis honoribus seu possessionibus teneantur respondere nisi in curia vel curiis communis Massilie seu judicibus earumdem curiarum. Statuentes insuper quod si de predictis vel aliquo predictorum deinceps aliquis notarius notam seu instrumentum fecerit, quod nota et instrumentum inde factum de predictis nullam habeant auctoritate hujus Capituli firmitatem et pro infectis habeantur. Et, ille vel illi qui predictas possessiones, ut supradicitur, receperint, et notarius seu notarii qui cartam fecerint de predictis, quilibet predictorum in centum solidis regalium coronatorum dandis et solvendis communi Massilie puniantur, nomine pene, predicta possessione nichilominus salva et retenta possessori predicto (2).

(1) Statuta Massilie, Lib. II. Cap. XXVII.
(2) Statuta Massilie, Lib. II, Cap. XXVIII.

IV

De laudo concedendo civibus Massilie

Ordinamus perpetuo firmiter observandum quod si aliquis extraneus seu forestarius, ex aliqua causa, justa vel licita, utpote ex causa societatis, venditionis, mutui et similium, alicui Massilie cui debebit aliquid seu aliquid ei abstulerit, ex quo de predictis dictus Massiliensis consulibus seu rectori Massilie qui pro tempore fuerint querimoniam exposuerit, et dictus rector, vel consules qui pro tempore fuerint ad postulationem dicti Massiliensis illi sub cujus jurisdictione erit ille debitor seu ablator literas miseret *semel aut bis aut ter* prout rectori vel consulibus visum fuerit continentes ut super dicto debito vel ablatione dicto Massiliensi justicia exhibeatur, et ille qui jurisdictionem habet super dictum debitorem vel ablatorem dictas literas a rectore vel consulibus sibi missas neglexerit, ita quod dicto Massiliensi justiciam non faciat exhiberi, quod tunc in antea dictus rector vel consules ad petitionem dicti Massiliensis laudum concedat vel concedant sibi super omnibus rebus dicti debitoris vel ablatoris et etiam super rebus aliorum hominum qui essent sub jurisdictione illius qui deberet et nollet dicto Massiliensi justiciam adhibere.

Statuentes insuper quod laudum unum vel plura quod vel que concessa sunt a Podestatibus vel consulibus vel rectoribus civibus Massilie rata et firma habeantur per sequentes consules aut rectores Massilie. Que autem in isto capitulo continentur ita locum habeant et observentur si rectori vel consulibus visum fuerit cum consilio tamen generali Massilie, ad sonum campane more solito congregato, si de hoc laudo faciendo due partes ad minus ejusdem generalis consilii concordaverint, et non aliter (1).

V

De guidagio non prestando alicui qui civem Massilie offenderit

Constituimus hoc capitulo firmiter observandum ut nulla persona Massilie, aut etiam rector, aut alia quecumque possit ducatum aut fiduciam prestare in Massilia alicui non habitanti in Massilia sub jurisditione communis Massilie vel rebus ejus, qui offensionem

(1) Statuta Massilie, Lib. II, Cap. XXX.

corporalem vel violentiam vel rerum ablationem alicui civi Massilie fuerit vel intulerit, aut faciet quandocumque sine concensu et voluntate expressa ejus qui dictam offensionem vel dampnum passus fuerit, vel ejus heredis aut, eo absente, propinquorum ipsius aut cariorum amicorum.

Quod si quis contra hec fecerit et dictus passus offensionem vel dampnum, vel ejus heres per se vel amicos suos vel alios, offensori illi injuriam sive offensionem in persona vel in rebus, sive quas per se vel per alios detineret, vindicando dederit vel dabunt, non teneantur tunc inde illi, nec amici eorum aut coadjutores eorumdem qui ad hec interfuerint. Verumptamen predictis liceat dictam vindictam sumere si a dicta offensione vel rerum ablatione ab extraneo data vel illata illi civi Massilie, vel facta Curie Massilie constiterit, antequam predicta vindicta a parte offensi sumeretur. Quod desupra dictum est constare curie predicte intelligimus si propter fidem inde factam curie predicte offensio dicta vel rerum ablatio in Cartularis dicte curie fuit redacta, ad hoc ut predicti ultores possint per scripturam dictam de predictis ultionibus ab eis sumptibus excusari.

Statuentes etiam quod *civibus Massiliensibus liceat se vindicare de dicto offensore*, auctoritate hujus capituli : quem inveniet vel invenerit in Massilia, qui ibi venerit absque illius offensi licencia vel mandamento, vel eo absente, illius propinquorum vel cariorum amicorum, nisi dictus offensus sponte fecerit pacem vel concordiam de offensa supradicta offensori, aut alio vel aliis pro eo ; et similiter nisi pax et concordia generalis facta esset vel fuerit alicui terre vel civitati vel loco unde dictus offensor est vel fuerit a civitate Massilie in qua pace vel concordia dictum vel actum fuerit a Rectore vel Consulibus aut alio vel aliis administratore communis fungentibus quod de dampnis hinc inde datis et offensis et violentiis sit pax vel concordia utroque. Tunc abinde res predictorum offensorum possint licite venire in Massiliam et non persone eorum offensorum aliquo modo secure, ut dictum est, ab offenso, nisi, ut supradicitur, de voluntate offensi supradicti vel amicorum ipsius vel successorum.

Preterea, Rector vel Consules Massilie, eorumve judices quicumque pro tempore fuerint, teneantur et debeant officio suo audire et audiant quemlibet Massiliensem offensum volentem sibi, secreto etiam, fidem facere eis vel alicui eorum de offensa in personis vel rebus ab aliquo de supradictis offensoribus, alicubi sibi facta vel illata, eaque quecumque offensus vellet ostendere vel probare, et si, taliter de eis hoc est de predictis ob aliquo de supradictis offensoribus ; sibi injuriose factis aliquis Massiliensis qui probabit illud vel ea in cartulario curie Massilie redigere vel scribi facere postulaverit, tunc Rector vel Consules dicti eorumque judices non requisita etiam in casibus parte adversa vel citata super eo attentius teneantur (1).

VI

Item quod dominus Comes et sui teneantur perpetuo servare, custodire et deffendere cives Massilie et res eorum ubique, et si quis eos offenderet in personis et rebus, dominus Comes teneatur eos juvare et inimicos eorum prosequi et se opponere per Massilienses universis et singulis ubique et *marchamenta* seu gravamenta facere, secundum quod fuerit de jure vel consuetudine faciendum. Et de hoc intelligatur sicut bonus Dominus tenetur deffendere et juvare suos fideles homines et devotos (2).

VII

Item, nullum hominem guidabimus in civitate Massilie vel ejus territorio, sine assensu offensi nec a suis officialibus guidari patiemur qui civem Massilie offenderit vel offenderet in personis et rebus, dominus Comes et domina Comitissa vel sui ex quo denunciatum fuerit domino Comiti vel domine Comitisse, vel eorum heredi sive vicario eorum quem habebimus in Massilia vel Curie Massiliensi ; vel ubi offensa facta esset in guerra et de qua guerra digna pax esset secuta, nisi illo qui offendisset in rebus aliquem Massiliensem firmare vellet quod pareret juri curie Massiliensis quod autem dictum est de firmancia et parendo juri intelligatur tantum de offenso in rebus et non in persona (3).

VIII

Item, quod hostagia seu obsides nunquam petent sibi dari de Massilia vel capient dominus Comes vel domina Comitassa vel eorum successores, vel aliquis locum eorum tenens in Provincia vel in Massilia vel alibi in terra eorum, ulla racione, occasione vel causa, nec inde extrahent patientur aliquem vel aliquos cives Massilie invitos detinebunt nec detineri permitent a suis vel ab alio nomine suo vel suorum nomine vel occasione hostagiorum vel obsidum. (4)

---

(1) Statuta Massilie, Lib. V Cap. XXX.
(2) Chapitre de paix, n. 28.
(3) Chapitre de paix, n. 34.
(4) Chapitre de paix, n. 35.

IX

Bulle du pape Clément VII invitant pour la seconde fois les Marseillais à lui envoyer des délégués pour traiter avec lui des différends existant entre leur Ville et celle d'Arles *(10 Septembre 1380).*

Clemens episcopus, servus servorum Dei, dilectis filiis vicario, sindicis, concilio et Communi civitatis Massiliensis, salutem ac apostolicam benedictionem. Ad illas nos paternis affectibus libenter inducimus que vestri status honorem et vestre civitatis utilitates et commoda respicere dinoscuntur. Et quia nuper vobis super controversia et discordia inter vos et dilectos filios sindicos et cives Arelatenses exortis recolimus nos scripsisse quod aliquos viros ydoneos et super illis sufficientes instructos ad tractandum, componendum, concordandum cum Arelatensibus supradictis ad nostram presenciam mitteretis, quos nondum destinare curastis rursus et repetitis instanciis vos rogamus et ortamur attencius quatinus viros hujusmodi ad tractandum, componendum, et concordandum super questionibus, dissensionibus et discordiis quibuscumque inter vos et prefatos Arelatenses quomodolibet suscitatis et ortis ad nos mittere nullatenus omitatis nichil interim contra partem alteram invocantes quia futuris periculis intendimus solicitis studiis obviare, et vos et universitatem vestram ad pacis et concordie federa cum predictis Arelatensibus alligare et super istis eisdem Arelatensibus dirigimus etiam scripta nostra. Datum Avinioni, IIII Idus Septembris, pontificatus nostri anno secundo(1).

X

Bulle du Pape Clément VII, enjoignant aux Marseillais d'avoir à terminer au plutôt leurs contestations avec les Arlésiens. (1er *Novembre* 1380).

Clémens episcopus, servus servorum Dei dilectis filiis vicario, Sindicis, Consilio et Communi civitatis Massiliensis, salutem ac apostolicam benedictionem. Dilecti filii super discussionis materia inter vos ex una et dilectos filios vicarium, consilium et Commune Arelatensis civitatis, ex alia partibus, nuper exorta est ad comparendum coram dilecto filio Nicolao, titulo Sancte Marie in Transtiberim presbitero cardinali ad tractandum et faciendum ea

---

(1) Série AA, Liv. 27, Arch. mun. de Marseille.

que bonum pacis et concordie partis utriusque concernerent ad vicesimam secundam diem mensis Septembris ultimo nunc elapsi, per eumdem Cardinalem, de mandato nostro ad vestram extitit terminus prorogatus in quo super hiis quendam pro parte vestra nullum sufficiens mandatum habentem, ut asseritur, et licet illi ex parte nostra pro bono pacis hujusmodi foret dictum ne ab Avinione recederet nisi prius responsio a prefatis Arelatensibus subsecuta fuisset quibus super hoc etiam scripseramus nichilominus, tamen ille sine nostri et predicti Cardinalis sciencia, licencia et mandato, recessit de quo non sufficimus amirari. Cum igitur plenis desiderimus inter vos et Arelatenses eosdem pacis et concordie federa solide reformari, et ad exterpanda periculosa discrimina qui hujusmodi dissensioni dispendiosius exoriri ; credentes super hiis apud nos posse tractari consultius et majori soliditate firmari, universitatem vestram monemus, rogamus et hortamur attentius, obsecrantes in domino nostro Jhu christo et nichilominus per apostolica mandates quatinus ejus obtentu qui pacis est actor hujusmodi dissensionis materiam ad nostras manus secura fide ponentes et animos vestros humiliantes ad pacem aliquos viros pacificos, ad hoc ydoneos, voluntarios et discretos ac sufficienter instructos tam ad tractandum et componendum et ad super premissis necessaria faciendi quam ad parendum nostris in hoc beneplacitis plenam et liberam potestatem habentes quantocius ad nostram seu prefati Cardinalis presenciam destinare curetis, nostro et carissime in in christo filie nostre Johanne, regine Sicilie illustris, contemplacionis intuitu in nullo super hujusmodi dissensionibus invocari per nos vel alios vestro nomine aliquid attemptantes. Et si aliquid, quod absit, inter vos et Arelatenses eosdem fuerit attemptatum seu contingerit attemplari, illud ex nunc auctoritate apostolica duximus suspendendum nostris in hoc monitionibus et mandatis taliter parituri quod et nos de obediencie nostre promptitudine non inmerito gaudeamus et vos pacis consilia mentis juxta sapientis promissum gaudia valeatis exinde consequi sempiterna.

Datum Avinioni, Kalendis Novembris, pontificatus nostri anno tercio (1).

XI

Nomination par le Conseil Général de Marseille de deux délégués chargés de terminer de concert avec ceux d'Arles, les contestations existant entre les deux villes (*Séance du 23 Avril* 1381).

Anno Domini millesimo CCC° LXXX° primo, die vicesima tercia mensis Aprilis, notum sit cunctis quod congregato honorabili

(1) Série AA. L. 27, Arch. munic. de Mars.

consilio generali civitatis Massilie in aula domus Hospitalis Christi pauperum Sancti-Spiritus civitatis predicte ad mandatum viri nobilis Guillelmi Giraudi de Carnaceto, locumtenentis viri magistri de Sabrano, vicarii civitatis predicte, voce tube et sono campane, fuerunt in dicto consilio que sequntur proposita et inde secuta concordia refformata presenti et consciente domino locumtenente predicto. Et primo, Preterea vir nobilis Amelius Bonifacii, alter ex consiliariis dicte civitatis in plana audiencia ipsius consili exposuit quod quidam discretus vir hujus civitatis eidem exponenti narravit quod ipse cum quodam cive civitatis Arelatensis eidem civi nostro dixit quod tam ipse quam omnes alii cives Arelatenses super altercationibus et controversiis vertentes inter hanc civitatem Arelatis volent et desiderant quod dicte questiones essent amicabiliter terminate, et quod dicte civitates remanerent in amore et fraternitate consueta, et esset bonum quod eligerent duo sapientes viri ab utraque parte qui si, ad certum locum communem de voluntate partium eligendum se conferrent pro tractando pacem et concordiam questionum et controversiarum ipsarum, nam eo casu quod hec civitas Massilie ad hoc condescendere velet, ipse certum se reddidit quod civitas Aralatensis libenter predicta faceret et ad concordiam devenirent et super hiis unus alterius litteratorie scripseret quarum litterarum dictus dominus Amelius in presencia dicti generalis consilii legit et presentavit. Quibusquidem licteris per dictum consilium diligenter intellectis, placuit dicto consilio refformare et refformando dictum dominum vicarium requirere quod ob Dei reverencia et excellencia Reginali et pro bono pacis et concordie hujus generaliter patrie eligantur duo sapientes viri qui ad dictum locum communem eligendum accedant pro tractando et tractatus cum dictis eligendis de Arelate habendo super questionibus et controversiis inter hanc civitatem et dictam civitatem Arelatensem vertentibus juxta refformaciones eisdem eligendis dandas per sex providos viros electos super dictis questionibus et sindicos hujus civitatis, quibus tractatibus per eosdem eligendos factis et habitis eorum in dicto consilio faciant relationem. Et ego Raymundus Aymes, publicus Massilie notarius, et nunc dicti consilii hec scripsi et signo meo signavi ut infrà. Et fuerunt electi juxta superius refformata Egidius Bonifacii et Franciscus Mensure· Ego dictus notarius hec scripsi et signo meo signavi (1).

(1) Série AA. L. 27.

XII

Lettres patentes de la Reine Marie de Blois, mère de Louis II, déclarant que, tout en accordant le droit de marque à la Ville d'Arles, elle a mis celle de Marseille à l'abri des atteintes de ce droit (18 *Février* 1385).

Maria, Dei gracia, regina Ihlm et Sicilie, ducatus Apulie ducissa. Andegavie, comitatuum Provincie et Forcalquerii, Cenomanie, Pedimontis ac Ronciaci comitissa et bajula, tutrix et administratrix illustris nati nostri Ludovici eadem gracia regnorum regis ducatuum ducis et comitatuum comitis predictorum, senescallis dictorum Comitatuum Provincie et Forcalquerii necnon officialibus regiis curie civitatis Arelatis et aliis universis et singulis per dictos constitutis ad quos spectat et spectare poterit vel eorum locumtenentibus ceterisque regiis fidelibus et subjectis tam presentibus quam futuris graciam et bonam voluntatem. Cum nuper nobis existens una cum rege Ludovico, nato nostro, in nostra et Regia civitate Arelatis, pro receptione novi domini illius civitatis inter ceteras libertates et gracias eis per nos confirmatas et tunc de novo concessas ipsis Arelatensibus, concessimus generose marcham et represalias indicere et facere ut ecce in capitulo subsequente : « Item, quod si quis extraneus injuriatus fuerit alicui civi Arelatensi aut injuriam intulerit vel cum instrumento aut alias, « obligatus fuerit et teneatur eidem civi de quacumque causa, et « requisitus fuerit dominus ejus cujus jurisdictione erit per literas « *de jure parendo* et recusaverit justiciam ministrare de injuria « vel de debito, quod dictus vicarius hujus urbis concedere debeat « ipsi civi Arelatis injuriato vel creditori, marcham et represalias « contra tales et omnes habitatores dicti loci vel castri in quo « debitores vel injuriatores contingerit commorari, quod nisi fecerit « idem vicarius requisitus pro vicario non habeatur »

Venientibus propterea noviter ad nostre Majestatis presenciam nobilibus Guillermo de S^to^ Egidio, et Guillermo Vivaudi, civibus et ambaxatioribus civitatis Massilie, nomine et pro parte ejusdem civitatis et coram Majestatem nostram asserentibus reverenter concessionem dictarum marcharum et repressaliarum esse in prejudicium et lesionem dicte civitatis Massiliensis in observando juratum, et ideo petentibus et humiliter supplicantibus per Majestatem nostram in observacione jurati predicti, super hiis de opportuno provisionis nostre remedio provideri. Nos, propterea, serie presentium, de nostra certa sciencia declaramus ac vobis et universis notum fore quod numquam *voluntatis, propositi seu intentionis nostre fuit nec est aut erit aliqualiter in futurum per concessionem predictam prejudicare seu prejudicasse vel quod ipsa concessio prejudicare potuerit, possit aut poterit in futurum civitati vel civibus Massiliensibus in generali vel particulari, realiter vel personaliter quovis modo, aut eis, vel ipsorum libertates, seu pacis Capitula ledere seu eis in aliquo derogari*; quinymo, ipse libertates et pacis Capitula habeant in sua firmitate et valore inviolabiliter permanere et permaneant inconcusse juxta predictam per nos et per nostrum dictum Regem, natum nostrum, prius ante concessionem ipsis Massiliensibus prestitum fuerit, quam ob rem per presentes in quantum Capitula pacis Massilienses per concessionem dicte marche et represaliarum infringuntur in aliquo nec prejudicatur eisdem; et nos per consequens ex inadvertancia contra formam hujus juramenti per nos prestiti veniremus ex tunc prout ex nunc, concessionem, capitulum, marcham et represalias hujusmodi quoad Massilienses totaliter revocamus et pro revocatis habemus et haberi volumus propterea, et jubemus quare fidelitati vestre districte sub obtentu gracie nostre et Regie precipimus et mandamus quatinus forma presentium litterarum nostrarum per vos diligenter et efficaciter observata, non presumatis facere in contrarium aut quomodolibet attemptare nec ipsos Massilienses in generali aut particulari, in personis, vel rebus, vel mercaturis eorum seu rebus al.'s quibuscumque aliqualiter molestare aut fieri seu attemptare. Datum in nostra et Regia civitate Aptensi per nobilem et egregium Bernardum Raymundi, militem, legum doctorem, magne curie regie magistrum racionalem, majorem et secundarum appellationum judicem, locumtenentem prothonotarii regni Sicilie, collateralem consiliarium nostrum et regium fidelem ac dilectum, die XVIII° februarii, none Indictionis, Anno Domini millesimo CCC° LXXXV, regnorum dicti filii nostri anno secundo (1).

XIII

Lettres-patentes de la Reine Yolande, mère et tutrice de de Louis III, accordant aux Marseillais, sur leur requête, le droit de marque sur terre et sur mer (10 *Juillet* 1420).

Yolans, Dei gracia Regina Jherusalem et Sicilie, ducatus Apulie ducissa, Andegavie, comitatuum Provincie et Forcalquerii, Cenomanie, Pedimontis ac Ronciaci comitissa. Et nos, Ludovicus tercius, Rex, dux et Comes prefatus, universis presentes litteras inspecturis tam presentibus quam futuris salutem. Majestati nostre

(1) Livre noir, Série 24, Arch. munic. de Mars.

noviter facta expositio, pro parte universitates civitatis Massilie, singularum personarum ejusdem, continuit quod pro pluribus et diversis dampnis, injuriis et injusticiis multimode factis massiliensibus tam defunctis quam vita fruentibus per gentes alienigenas diversarum nationum in personis vel bonis, plures marche seu represalie et gajarie laxate et concesse fuerunt temporibus retrolapsis ad instanciam Massiliensium dampnum passorum contra gentes exterarum nationum juxta formam Statutorum, Capitulorum pacis ac libertatum civitatis predicte exigende *duntaxat infra civitatem Massilie et ejus districtum.* Cumque gentes illarum nationum contra que dicte marche seu represalie fuerunt concesse, metu dictarum marcharum recusaverint et recusent venire Massiliam et ejus portum, se ad loca alia et portus dicte patrie Provincie cum eorum navigiis, mercaturis et rebus, propterea declinantes, unde Massilienses ipsi dampna passi nullo unquam tempore, jus eorum seu justiciam consequi de eorum dampnis predictis potuerint neque possint. Quinymo Massilienses ipsi dampna passi sic, absque obtentu alicujus satisfactionis destructi remanent et eorum bonis et rebus expoliati injuste et plus sperant destrui verisimilliter in futurum. Supplicantes propterea per nos dicte civitatis predicte marche seu represalie et gajarie infra dictam civitatem Massilie et ejus districtum mandato vicarii nostri exigantur et executioni mandantur. Ita, de cetero, extra civitatem Massilie et ejus districtum, videlicet extra patriam et maria Provincie ubicumque ac etiam infra ipsam patriam et maria Provincie, videlicet in maribus et portubus tantum ipsius patrie in quibus gentes seu homines non habitant sed prorsus societatem carent et habitatione humana marche seu represalie omnes et singule laxate et in futurum laxande juxta solitum dicte civitatis etiam manu armata necesse fuerit contra quoscumque cujusquam extere nationis existant compatriotas dictorum comitatuum quantum etiam contra extraneos conceduntur, ut predicitur, et executioni mandatur que libertates, Statuta et pacis Capitula semper sint et remaneant in eorum efficacia et robore. Et insuper quod predicte marche, represalie et gajarie, ut premittitur, laxate et laxande, exequantur et executioni plenarie demandentur per quoscumque.

Quibus in nostra consideracione debite deductis, habitaque super hiis nostri consilii deliberatione, volumus prefate que universitati et singularibus personis ejusdem de nostra certa sciencia, tenore presentium graciose concedimus quod marche seu represalie tam laxate et imposterum laxande exequi possint in maribus Provincie et in portubus desertis seu inhabitatis modo et forma superius declaratis. Hanc tamen executionem suspendimus hinc ad unum annum a die date presentium computandum, certis de causis moventibus racionabiliter mentes nostras; volentes et etiam concedentes quod propter executionem dictarum marcharum, ut predicitur, fiendam, Massilienses ipsi penam aliquam non incurrant, nec propterea per Curiam nostram possint seu valeant molestari, neque inquiri possit aliqualiter contra eos. Et, mandantes propterea universis officialibus nostris presentibus et futuris per patriam nostram Provincie et terras eis adjacentes ubilibet constitutis quatinus predicte universitati Massilie et singularibus personis ejusdem presentem nostram concessionem executioni demandari juxta formam et seriem presentium impune permittant. Et, insuper, eisdem Massiliensibus dampna passis contra eos qui dampna sibi intulerint, justiciam faciant, adhibeant et ministrent presentibus debite inspectis et ubi opus erit, executis et regratis penes eandem Universitatem remaneant.

Datum apud Sanctum Victorem, juxta nostram dictam civitatem Massilie, sub sigillo nostro Yolandis Regine, per magnificum et egregium militem, Jordanum Bricii, legum doctorem, magne nostre Curie Magistrum Racionalem, consiliarium nostrum fidelem dilectum, majorem et secundarum appellacionum judicem Comitatuum nostrorum predictorum, die decima mensis Julii, XIII Indictione, Anno domini millesimo CCCC^mo vicesimo (1).

XIV

Nomination par le Conseil Général de Marseille de 3 délégués ou procureurs chargés de terminer par un arrangement quelconque les représailles existant entre les Marseillais et les Languedociens (3 *Juin* 1446).

In nomine Domini Amen. Anno incarnacionis ejusdem millesimo quadringentesimo quadragesimo sexto, die tercia mensis Junii, congregato honorabili consilio generali civitatis Massilie, ad mandatum magnifici viri Ludovici de Agouto, vicario Massilie pro illustrissimo domino nostro Renato, Jherusalem et Sicilie Rege, ac domino presentis civitatis Massilie ad sonum compane et voce tube in aula domus hospitalis Sancti Spiritus Massilie ut est moris, in quo interfuerunt infranominati consilium tenentes pro actu hujusmodi peragendo. Omnes simul unanimiter et concorditer, nemine ipsorum discrepante, propriis nominibus et vice et nomine universitatis et singularum personarum civitatis Massilie, meliori forma et via quibus

(1) Série EE, Ch. 41, Arch. munic. de Mars.

potuerunt et debuerunt, fecerunt, constituerunt, creaverunt et ordinaverunt, eorum et dicte universitatis nomine, certos viros indubitatos procuratores yconomos, sindicos, actores, factores et negociorum subscriptorum gestores ac nuncios speciales et generales, ita quod specialitas generalitati non deroget nec e converso, videlicet nobiles et honorabiles viros Jacobum Cassini, Jacobum Bonifacii et Fulconem de Arbore, honorabiles cives Massilie absentes tanquam presentes simul et concorditer negociantes specialiter et expresse, ad praticandum appunctamentum marcharum, represaliarum et gajeriarum omnium et singularum de quibus discreptatur seu differencia est inter cives Massilie et homines *Lingue Occitane* et racione dicendum et scripturas, quascumque et probaciones et in favorem civitatis Massilie et civium illius, dandum et producendum nec non conclusiones et et appunctamenta recipiendum et faciendum. Et, si opus sit obligandum consuetudinem et quitandum ac novas impositiones super mercibus de una patria ad aliam deportandis pro bono cause laxandum et concedendum. Et super ipsis marchis et represaliis transigendum, paciflendum et concordandum. Et omnia alia et singula in premissis et dependentis ac emergentibus ex eis dicendum, faciendum, concordandum et concludendum que eisdem procuratoribus et yconomis utilia videbuntur et fieri opportune. Et que dicti constituentes dictis nominibus dicere et facere possent si in premissis omnibus et singulis personaliter interessent, etiam si talia essent que mandatum exhigerent magis speciale, in quibus omnibus et singulis supradictos dicti constituentes plenum et largum posse plenamque et liberam potestatem ac specialem et generalem mandatum. Et volentes propterea dicti constituentes dictis nominibus prefatos procuratores et eorum quemlibet relevare ac relevatos esse volentes expresse ab omni onere de rato judicio et judicato solvendo cum suis clausulis universis, promiserunt solempniter et convenerunt michi subscripto notario stipulanti solempniter et recipienti nomine loco et vice omnium et singulorum quorum interest, intererit aut interesse poterit quomodolibet in futurum, se *ratum, gratum, firmum et perpetuo ac inviolabiliter observaturos* omne id et quicquid per dictos procuratores concordantes actum, dictum, factum, conclusum, concordatum, apunctatumve fuerit quomodolibet sive gestum, sub hoc tamen retentione quod, absque mandato speciali obtento a nobis, dicti procuratores non possint nec valeant, neque simul neque separatim, bona, jura vel personas civitatis Massilie et civium ejusdem aliqualiter vel obligare, seu pro eis se fidejussores portare, neque aliquam summam pecunie offere pro principalibus neque pro expensis, nisi solum et duntaxat per impositiones noviter edendas et ab utraque parte levandas super rebus et mercibus de patria

Lingue Occitane ad patriam Provincie et hanc civitatem Massilie per mare et fluvia aut per terram et e converso devehendis et deportandis; que quidem impositiones per spectabilem dominum Provincie Senescallum, non solum ad civitatem Massilie, sed etiam ad patriam Provincie extendantur et concedentur. Nomina consiliariorum sunt hec : Anthonius de Cepeta, cosindicus, dominus Jacobus Vivaudi jurisperitus, Guillelmus de Templo, Jacobus Marquesii, Raymundus Blancardi, Raymundus de Montiliis, Honoratus de Montiliis, Julianus de Remesano, Bertrandus Candolle, Johannes Fontaine, Amelius Bonifacii; Bertrandus Aymari, Anthonius Forbini, Petrus Sauve, Petrus de Scalis, Bernardus de Bucco, Johannes Noguerii, Stephanus Jaucelmi, Johannes Giraudi, Petrus Bertrandi et Mattheus Vivaldi. Et ego, Elzias Georgii, publicus Massilie notarius et nunc dicti consilii, hec scripsi et signo meo signavi ut infrà.

XV

Déclaration par laquelle Frédéric, Comte de Vaudemont, grand Sénéchal de Provence et Lieutenant Général du Roi, fait savoir aux administrateurs Marseillais qu'en suspendant pour un an les représailles existant entre leur ville et les habitants du lieu de Final. sur la rivière de Gênes, il n'a pas entendu déroger à leurs privilèges et qu'il a au contraire l'intention de toujours les sauvegarder et les faire observer dans l'avenir.

Fredericus, Comes Vaudemontis, Regis Jerusalem et Sicilie locumtenens generalis in comitatibus Provincie et Forcalquerii et magnus Senescallus, universis et singulis has nostras litteras inspecturis, notum sit quod licet hiis temporibus retrolapsis, Nos seu magnificus dominus de Pertuciayo, nostro in officio senescallie locumtenens, hominibus loci de Finario in ripparia Janue contra quos Massilienses asserunt laxasse sicuti eis vigore eorum Statutorum licitum est marcam seu represalias concesserint litteras ipsius marche seu represaliarum suspensionis per unum annum, quas nostri Massilienses pretendunt eisdem eorum seu in futurum quomodocumque concedendas prejudicisse seu prejudicare aut derogare ipsorum massiliensium Statutis, libertatibus seu privilegiis aut consuetudinibus et ea in efficacia, robore et firmitate pro posse volentes manutenere et deffendere sicut etiam hoc juramento firmatum fuit et est cunctos massilienses in eisdem eorum privilegiis, Statutis et libertatibus derogare non intendimus amodo similes litteras suspensionis marche derogantes eisdem privilegiis concedere seu illa concessione trahi ad consequenciam in futurum seu sequelam. Sed solum et duntaxat illas suspenciens litteras pro hac vice interveniente tamen ipsorum Massiliensium, illam concessionem vice pro hac duntaxat etiam providimus eorum privilegiorum illius marche laxationis acquiscimus consensu, volumus eorum habere. Declarantes, propterea harumdem serie quod mentis nostri propositi semper summus ex nostro officio, eosque in illis caritate consoneri precipua et tractari per quoscumque officiales et singulas personas hujus patrie in omnibus eorundem agendis. Ad quorum requisitionem et dictorum eorum privilegiorum cauthelam ipsas nostras presentes declarativas litteras jussimus fieri et sigillo Regio communiri.

Datum Aquis per magnificum militem Johannem Letiller (?) utriusque juris doctorem, dominum de Petrorua et magne regie Curie magistrum Racionalem, Regis consiliarium fidelem et dilectum, qui has nostras presentes litteras in absencia Judicis Majoris nostro mandato signantem.

Per dictum dominum Regium locumtenentem et magnum Senescallum, ad regii consilii deliberationem, dominis Episcopis Massiliense et Tholonense, preposito Massilie, domino de Pratis, Magistro requestarum et aliis presentibus (1).

(1) Série EE. Ch. 48. Arch. munic. de Marseille.

MARSEILLE. — TYP. ET LITH. ASCHERO ET SACOMANT

274

www.ingramcontent.com/pod-product-compliance
Lightning Source LLC
LaVergne TN
LVHW010052230826
846091LV00005B/1920

* 9 7 8 2 0 1 3 2 8 1 2 8 7 *